SPORT
VERLAG
BERLIN

Stefan Lerch

Rope Skipping

Seilspringen

Fitness-Training, Action & Spaß!

Sportverlag Berlin

Inhalt

Was ist Rope Skipping?

Das Springseil ist keine neue Erfindung, irgendwoher kennen wir es alle: aus der Schule, vom Spielplatz oder als Konditionstraining. Und die meisten von uns haben auch schon damit »trainiert«. So richtig als Trainingsgerät oder gar als eigenständige Sportart haben wir es aber bisher nicht wahrgenommen.
Dabei hat das Training mit dem Springseil viel zu bieten:

- Es ist ein umfassendes und effizientes Fitness-Training für alle. Mit Rope Skipping lassen sich alle Komponenten der Fitness trainieren: Ausdauer, Kraft, Beweglichkeit, Schnelligkeit und Koordination.
- Das Training bedeutet viel Spaß und Action. Jeder Trick, der zum ersten Mal gelingt, ist ein Erfolgserlebnis. Die Herausforderungen und die Freude nehmen nicht ab.
- Das Trainingsgerät ist gleichzeitig Ihr persönlicher Coach. Es motiviert Sie, es zeigt Ihnen Fehler auf. Wie von einem persönlichen Trainer erhalten Sie ein Feedback über Ihr Tun.
- Die Intensität kann dem individuellen Leistungsvermögen angepasst werden. Durch die richtige Mischung von Jumping- und Non-Jumping-Techniken, von Geschwindigkeit und der Auswahl an verschieden anstrengenden Sprüngen passen Sie die Intensität des Trainings an Ihre Fitness an. So kann ein Spitzenathlet mit dem Springseil üben und auch ein Anfänger (und dadurch zu einem Spitzenathleten werden).
- In der Werbung für Heimtrainer wird immer betont, wie Platz sparend sich ein solches Gerät aufbewahren lässt. Das Springseil hat wirklich überall Platz, ob im Kleiderschrank oder im Reisekoffer. Weglegen heißt aber auch oft: vergessen und nicht mehr trainieren. Lassen Sie das Seil ruhig »herumhängen«, es ist so klein, dass es Sie nicht stört – und so erinnert es Sie an Ihren Vorsatz zu trainieren.
- Es ist günstig! Ein gutes Seil kostet in etwa zwischen 6 und 18 Euro.
- Es braucht keine spezielle Infrastruktur. Man kann die Übungen im Wohnzimmer, in der Turnhalle, am Arbeitsplatz, im Fitness-Center, im Garten oder im Hotelzimmer ausführen. So sind Sie unabhängig von Wetter und Tageszeit und können wirklich regelmäßig trainieren. Und das ist der wichtigste Faktor für den Erfolg.
- Es ist für die ganze Familie. Die Kinder können damit spielen, der Vater kann seinen Bauch wegtrainieren und die Mutter bewegt sich mit dem Seil zu ihrer Lieblingsmusik – zu Musik lässt sich hervorragend springen.
- Mit dem Springseil trainieren Sie auch mentale Faktoren wie z. B. Durchhaltewillen, Konzentration oder Kreativität.
- Es ist eine gefahrlose Sportart. Das Verletzungsrisiko ist gegenüber anderen Trendsportarten wie Mountain Biking und Inline Skating sehr gering.
- Oft sind die einfachsten Dinge schlicht genial. So auch das Training mit dem Seil: einfach, aber effektiv!

Nur Sie und das Seil: gute, motivierende Musik und Sie lassen das Seil einfach laufen. Alles gelingt Ihnen, es läuft automatisch, sie denken nicht an den nächsten Trick, das Seil läuft von selbst, Sie sind »im Seil«. Das Umfeld nehmen Sie nicht mehr wahr, die Zeit steht still. Sie springen locker, Sie fühlen keine Anstrengung. Sie sind konzentriert und ein »Trick« reiht sich spontan an den anderen.
Für diesen Zustand hat der Psychologe Mihaly Csikszentmihalyi den Begriff »Flow« geprägt.
Sie vergessen Ihre Alltagssorgen und nach dem Training haben sie ein zufriedenes, entspanntes Gefühl.

Seilspringen – gestern, heute und morgen

Wo das Seilspringen erfunden wurde, ist nicht sicher. Es gibt Annahmen, dass ägyptische und chinesische Seilmacher der Ursprung sein könnten. Bei ihrer Arbeit sind sie über die Seile gesprungen und haben so das Seilspringen »entwickelt«. Wahrscheinlich ist es aber so, dass überall auf der Welt Kinder aus ihrem Spieltrieb heraus über die verschiedensten Arten von Seilen gesprungen sind. Und daraus hat sich im Laufe der Zeit auf der ganzen Welt das Seilspringen als Spiel entwickelt.
Im 16. Jahrhundert brachten holländische Siedler das Springseil nach Nordamerika. Und aus den USA kommt es nun, unter dem Namen Rope Skipping, als Trendsport wieder zurück nach Europa.

Vor allem in den USA, aber auch Kanada, hat man Ende der 60er Jahre begonnen, das Seilspringen als eine gute Trainingsmöglichkeit zu propagieren. In dieser Zeit wurden auch die ersten wissenschaftlichen Untersuchungen über den Einfluss des Seilspringens auf das *Herz-Kreislauf-System* durchgeführt.
1978 wurde von der *American Heart Association* (AHA) in den USA die Kampagne »Jump Rope for Heart« gestartet. In diesem Programm lernen Schüler und Schülerinnen den Nutzen von körperlicher Aktivität kennen und wie sie dadurch gesund bleiben. Dabei steht für die AHA natürlich der positive Einfluss des regelmäßigen Trainings auf das Herz-Kreislauf-System im Vordergrund. Seilspringen wurde gewählt, weil es in erster Linie ein hervorragendes Ausdauertraining ist und, für Kinder wichtig, auch viel Spaß macht. Mit ihren verschiedenen Lehrmitteln und Veranstaltungen hat die AHA viel zur Verbreitung von Rope Skipping beigetragen. Dieses Programm wird auch in Australien, England, Kanada und Neuseeland erfolgreich durchgeführt.
Nach Europa ist Rope Skipping durch den Schüleraustausch mit den USA und durch einzelne Enthusiasten gekommen. So wurde es in die Vereine, Schulen und Fitness-Studios der verschiedenen Länder gebracht. In Schweden gab es zum Beispiel 1989 eine Kampagne der Molkereien, in der auch mit Seilspringen geworben wurde. Und in Belgien und Holland gibt es schon seit einigen Jahren Landesmeisterschaften. Von dort kommen auch die größten Bestrebungen, den Sport europaweit bekannt zu machen und zu organisieren. 1993 wurde in Belgien die *European Rope Skipping Organization* (ERSO) gegründet. In den einzelnen Ländern sind nationale Verbände im Aufbau. Momentan durchläuft der Sport die organisatorischen Stationen, die von anderen Sportarten bereits vor 100 Jahren absolviert wurden.
Inzwischen wird Rope Skipping nicht nur als Kinderspiel angesehen, sondern als effizientes Fitness-Training. (Boxer wissen das ja schon seit langem und praktizieren es entsprechend.) Frauenzeitschriften, Sportmagazine und Illustrierte jeder Art haben viele Artikel über das Seilspringen veröffentlicht. In fast jedem Trainingsbuch für zu Hause wird es als Trainingsmöglichkeit erwähnt. Zum Beispiel schreibt Werner Kieser in seinem Buch *Die Seele der Muskeln:* »Wenn Sie unbedingt Geld (für ein Kardio-Gerät, Anm. d. Verf.) ausgeben wollen, dann kaufen Sie sich ein Springseil.«
Trotz aller Präsenz in den verschiedenen Publikationen drang nicht so recht ins Bewusstsein, welches große Potential in diesem Trainingsgerät steckt. In den Fitness-Studios in den USA sind inzwischen Lektionen mit dem Springseil nichts Neues mehr. Hier hat das Springseil Anerkennung gewonnen und wird als wirksames Trainingsgerät wahrgenommen.

Auch bei Wettkämpfen nehmen immer mehr Begeisterte teil. 1996 wurden die ersten Weltmeisterschaften in Australien abgehalten. Die nationalen Meisterschaften in den USA werden im Fernsehen übertragen. Und es gibt schon einige, die von einer Anerkennung als olympische Disziplin sprechen. Das Potential ist auf jeden Fall da, und die Entwicklungen in den letzten Jahren zeigen klar, dass der Sport und das Training mit dem Springseil schnell an Popularität gewinnen.

Der Begriff »Rope Skipping«

In Europa wurde das sportliche Seilspringen unter dem Begriff Rope Skipping bekannt. Was übersetzt Seilhüpfen bedeutet. Der Ausdruck wurde aus Lehrmitteln übernommen, die vorwiegend aus Kanada stammen. Die ERSO hat den Begriff in Europa sozusagen amtlich gemacht. Wobei der internationale Verband sich *Fédération internationale de saut à la corde* (FISAC) nennt, also den französischen Begriff für Seilspringen gebraucht.
In den USA wird dieser Sport aber »Jump Rope« genannt, der nationale Verband nennt sich *US Amateur Jump Rope Federation*. Und die Tätigkeit als solche heißt »Rope Jumping«, Seilspringen. Jump Rope wurde gewählt, weil mit dem Springseil mehr gemacht werden kann, als nur darüber zu springen. Man kann es auch werfen und wieder fangen oder um den Körper wickeln. Es gibt viele Möglichkeiten, der Fantasie sind keine Grenzen gesetzt.
Wenn Sie in den USA oder im Internet nach Informationen suchen, dann vor allem unter den Begriffen: Jump Rope und Rope Jumping.

In diesem Buch werden wir die in Europa bekannten Begriffe Rope Skipping und Seilspringen verwenden. Wie man diese Tätigkeit in der Umgangssprache letztendlich nennt, ist unwichtig. In der Muttersprache des Verfassers, dem Schwyzerdütsch, heisst sie: Seiligumpe. Die Hauptsache ist, Sie haben Spaß und Ihre Fitness profitiert vom Training mit dem Seil.

Sport, Spiel und Fitness-Training

Rope Skipping hat viele Gesichter. Man kann das Springseil ganz unterschiedlich nutzen und Sie können damit Ihre individuellen Ziele verfolgen.
Für Kinder ist das Springseil ein Spielgerät, das viel Spaß macht und viele Möglichkeiten bietet. Damit

wird auf dem Pausenhof oder auf Bürgersteigen gespielt. Auch Sie sind sicherlich als Kind zum ersten Mal mit dem Springseil in Kontakt gekommen.
Rope Skipping kann eine faszinierende Show sein. So hat der weltberühmte *Cirque du soleil* in seinem Programm »Quidam« schon seit Jahren eine Rope-Skipping-Nummer. Auch Sie werden mit ein wenig Übung und einigen Tricks Ihr »Publikum« in Staunen versetzen.
Das Springseil ist auch ein effizientes Trainingsgerät. Am bekanntesten ist das Seilspringen wohl dadurch, dass es die Boxer beim Konditionstraining nutzen. Wer kennt sie nicht, die Bilder von Boxern, die leichtfüßig und locker mit dem Springseil üben und dabei scheinbar kaum hochspringen. Aber auch in vielen anderen Sportarten wird das Springseil gezielt zur optimalen Steigerung der Fitness eingesetzt, zum Beispiel beim Tennis, beim Basketball oder beim Fußball. Und warum sollte man nicht dieses Mittel der Profis zur Steigerung der eigenen Kondition nutzen? In diesem Buch können Sie lernen, Ihre Kondition gezielt und schnell wie ein Profisportler zu steigern.
Rope Skipping ist ein harter Wettkampfsport. Inzwischen gibt es Europa- und Weltmeisterschaften mit den verschiedensten Disziplinen, als Team- und als Einzelwettkämpfe.
Für die Einzelwettkämpfe gelten folgende Prüfungen:

Freestyle
Der Freestyle dauert 45 bis 75 Sekunden. Es gilt, so viele »Tricks« wie möglich zu zeigen. Bewertet wird der Schwierigkeitsgrad, die technische Ausführung, die Kreativität und eventuelle Fehler (Hänger).

Der Freestyle ist nicht mit der Seil-Kür in der Rhythmischen Gymnastik zu vergleichen. Ein Rope Skipper springt während seiner Vorstellung zirka 200-mal über das Seil, und davon zigmal in Double- und Triple-Kombinationen. Dagegen wird in der Gymnastik während der Wettkampf-Kür durchschnittlich etwa 10- bis 20-mal über das Seil gesprungen. Auf Grund der Unterschiede gegenüber der Rhythmischen Gymnastik in Athletik und Ästhetik nehmen bei Rope-Skipping-Meisterschaften auch Männer teil.

30 Sekunden Speed und 3 Minuten Speed Endurance
Bei den Speed Events von 30 Sekunden und von 3 Minuten Dauer gilt es, möglichst viele Seilumdrehungen zu meistern. Dabei muss man im Jog Step (s. S. 59) springen. Es wird immer das Auftreten des rechten Fußes gezählt. Internationales Niveau ist zur Zeit für 30 Sekunden Speed (s. S. 60): 90 Zähler, also 180 Sprünge in einer halben Minute oder 6 pro Sekunde. Für 3 Minuten Speed Endurance (s. S. 95) sind 420 Zähler ein erstklassiges Resultat, also insgesamt 840 Sprünge oder 4,6 pro Sekunde. Da Wettkämpfe noch nicht lange stattfinden, werden in den nächsten Jahren die Leistungen sicherlich noch gesteigert.

Triples
In der vierten Anforderung gilt es, so viele Triples (Dreifachsprünge) wie möglich ohne Unterbrechung zu springen. Bei diesem Kraftakt gehört man mit etwa 150 Sprüngen in das Spitzenfeld.

Varianten
Seilspringen kann man alleine oder gemeinsam mit mehreren Personen. Je nach Zusammensetzung haben diese Varianten eigene Namen:

Two in One

Wheel

Single Rope
So heißt die Form die in diesem Buch beschrieben wird. Eine Person springt über ein Seil das sie selbst schwingt.

Two in one
Zwei Personen halten ein Seil jeweils nur an einem Ende. Beiden Personen springen abwechselnd im Seil oder auch gleichzeitig.

Wheel
Zwei Personen springen mit zwei Seilen gleichzeitig. Dabei hält jede Person von beiden Seilen jeweils einen Griff.

Long Rope
Das Long Rope ist etwa 10 Meter lang. Während das Seil von zwei Leuten gedreht wird, springen mehrere Personen.

Double Dutch
Eine der bekanntesten Varianten ist sicher Double Dutch. Dabei stehen sich zwei Personen gegenüber und schwingen zwei etwa 4,5 Meter lange Seile. Eine dritte Person oder eine ganze Gruppe springt nun in die Mitte der sich drehenden Seile und zeigt verschiedene Tricks.

Dieses Buch befasst sich ausschließlich mit dem Single Rope, da sich damit die Fitness am effizientesten und schnellsten verbessern lässt.

Wie durch Rope Skipping Ihre Fitnes

Jemand, der locker und scheinbar ohne Anstrengung Seil springt, strahlt Dynamik und Kraft aus. Ein Beobachter hält diese Person sofort für fit. Denn wer Seil springen kann, der muss fit sein!

Auf Grund dieser Ausstrahlung wird in der Werbung das Springseil oft als Symbol für Fitness verwendet. Ein Model in einem Modekatalog, das Springseil locker um den Hals gehängt, strahlt Kondition, Gewandtheit, Spaß, Dynamik und spielerische Leichtigkeit aus.
Rope Skipping wird unweigerlich sofort mit Fitness und Freude an der Bewegung in Verbindung gebracht. Dagegen kann ein Fahrrad auch einfach ein Fortbewegungsmittel sein.

Wir haben alle unsere individuellen Fitness-Ziele, und wenn wir sie erreicht haben, haben wir das Gefühl, fit zu sein. Ob man fit ist oder nicht, das lässt sich oft recht gut »aus dem Bauch heraus« beantworten. Wir merken, wenn uns unsere körperliche Leistungsfähigkeit nicht genügt. Das kann durchaus in alltäglichen Situationen geschehen, beim Ballspielen mit den Kindern oder beim Treppensteigen bemerken wir, das uns die »Puste« fehlt. Wir fühlen uns nicht fit! Aber durch regelmäßiges Training können wir unsere körperliche Leistungsfähigkeit verbessern und so unsere Lebensqualität steigern.
Es gibt aber verschiedene Arten von Fitness, und auch das Leistungsniveau ist nicht immer gleich hoch. So ist ein Büroangestellter, der zweimal in der Woche Sport treibt, fit im Vergleich mit seinem Kollegen, der sich nicht sportlich betätigt. Aber ein Berufsfußballer wäre in demselben Zustand nicht fit.
Ein Profi-Fußballer kann ausreichend fit sein für seinen Beruf, müsste er aber ein Radrennen für Profis bestreiten, würde seine Art von Fitness für einen vorderen Rang wahrscheinlich nicht ausreichen.

Der Begriff Fitness

Mit Fitness bezeichnet man die körperliche Gesamtverfassung eines Menschen. Jemand, der fit ist, ist leistungsfähig und gesund. Zählt man noch mentale, seelische und soziale Faktoren hinzu, dann spricht man von: totaler Fitness. Der Begriff Fitness beinhaltet die folgenden motorischen Grundeigenschaften des Menschen:

Kraft
\+ Ausdauer
\+ Schnelligkeit
\+ Beweglichkeit
\+ Koordination
= **körperliche Fitness**
\+ soziale Faktoren
\+ seelisches und geistiges Gleichgewicht
= **totale Fitness**
\+ mentale Faktoren (z. B. Willen, Leistungsbereitschaft)
\+ technische und taktische Fähigkeiten
= **sportliche Leistungsfähigkeit**

Sie müssen also fünf verschiedene Faktoren verbessern, um Ihre körperliche Fitness zu steigern, oder sogar sieben, wenn Sie Ihre sportliche Leistungsfähigkeit verbessern möchten. Die einzelnen Komponenten stehen miteinander in Beziehung oder sind abhängig voneinander. So ist die Schnelligkeit abhängig von der Maximalkraft. Je nach Fitness-Ziel müssen einzelne Bereiche stärker als andere trainiert werden.
Wie kann nun Rope Skipping diese Faktoren beeinflussen? – Rope Skipping ist ein komplexes Training. Alle konditionellen Faktoren werden immer in Verbindung mit der Koordination gefördert. Das ist ein Vorteil im Vergleich mit dem Fahrradfahren oder dem Jogging, wo die

erbessert wird

Ansprüche an die Koordination und die Beweglichkeit eher gering sind.
Rope Skipping wirkt sich auf den ganzen Körper aus. Es trainiert Ober- und Unterkörper gleichermaßen und bietet daher ein ausgeglichenes Fitness-Training.
Bei all diesen Ausführungen gilt es zu beachten, dass Rope Skipping nicht nur »einfaches Seilspringen« ist. Die verschiedenen Techniken wirken sich unterschiedlich auf die einzelnen Konditionsfaktoren auswirken.

Die sozialen und geistig-seelischen Aspekte, die zur totalen Fitness führen, werden durch Familie und das ganze soziale Umfeld, die Lebenseinstellung und die Weltanschauung usw. geprägt. Sportliche Tätigkeit hat auch Einfluss auf diese Bereiche. So können mit sportlicher Tätigkeit Aggression und Stress abgebaut werden. Und das wirkt sich positiv auf die mentale Verfassung aus.

Kraft

Rope Skipping ist vor allem bekannt als Training für Ausdauer und Koordination, es hat aber auch Einfluss auf die Kraft. Krafttraining hat nicht nur etwas mit großen Muskeln zu tun, durch die Zug- und Druckbelastung wird der ganze Bewegungsapparat gestärkt und gestrafft. Rope Skipping verhilft Ihnen zu einer straffen und kräftigen Muskulatur.
Wenn Muskeln belastet werden, so hat das immer auch eine Wirkung auf Bänder, Sehnen, Knorpelschichten und Knochen. Das Springen (z. B. Two Foot Jump, s. S. 58) hat einen positiven Einfluss auf die Knochendichte und wird daher auch in der Prävention für Osteoporose (Verminderung der Gesamtknochenmasse) empfohlen.
Dabei ist natürlich die jeweilige Übung und die Intensität entscheidend dafür, was genau trainiert wird. So haben zum Beispiel Triples (Dreifachsprünge) einen viel höheren Trainingseffekt im Kraftbereich als der Jog Step. Oder auch mehrere Sprünge hintereinander auf einem Bein erhöhen den Trainingseffekt auf die Beinmuskulatur. Durch Seitwärtsspringen (Slalom, s. S. 63) oder Vorwärts-Rückwärts-Sprünge (Bell, s. S. 63) werden unterschiedliche Muskelgruppen beansprucht.
Um den Trainingsreiz im Oberkörper zu erhöhen, können Sie ein schwereres Seil benutzen oder schneller springen erhöhen. Wenn Sie auf Geschwindigkeit trainieren oder Mehrfachsprünge üben, werden Sie feststellen, dass zuerst ihre Arm- und Schultermuskulatur ermüdet. Bei schnellen Arm Wraps (s. S. 47, 48) mit dem Beaded Rope werden Sie merken, dass Ihre ganze Haltemuskulatur gefordert ist. Ihr Rücken, die Beine und die Arme müssen dem Zug entgegenwirken.

Ausdauer

Um die allgemeine Ausdauer zu verbessern, muss mindestens ein Sechstel der gesamten Körpermuskulatur im Einsatz sein. Die Muskeln eines Beines machen etwa ein Sechstel der gesamten menschlichen Muskelmasse aus. Da beim Rope Skipping beide Beine und die Arme bewegt werden, erfüllt es diese Anforderung mehr als genug. Es ist hervorragend geeignet, die Ausdauer zu trainieren.

Regelmäßiges Ausdauertraining stärkt Ihr Herz-Kreislauf-System und beugt Herz-Kreislauf-Erkrankungen vor, denn es bedeutet:

- **Optimierung der Herzleistung**
- **Senkung des Ruhepulses**
- **Verbesserung der Durchblutung**
- **Senkung des Blutdrucks**
- **Fettabbau**
- **Stressabbau**
- **Verbesserung der Cholesterinwerte**

Mit den verschiedenen Techniken und deren Intensität kann man auch hier die Auswirkung auf den Stoffwechsel beeinflussen. Werden zusätzlich zum Springen noch Armbewegungen ausgeführt, erhöht sich der Sauerstoffverbrauch. Dadurch erhöhen sich die Anforderungen an das Herz-Kreislauf-System.
Gegenüber dem Jog Step mit neutraler Armposition verbraucht dieselbe Beintechnik mit dem Cross (s. S. 78) etwa 30 % mehr Sauerstoff. Verändert man jetzt noch die Beintechnik, führt man zum Beispiel den Running Step (s. S. 61) aus, erhöht sich der Sauerstoffverbrauch noch einmal um etwa 10 %.
Also hat nicht etwa nur die Drehgeschwindigkeit des Seils Einfluss auf die Intensität des Trainings, sondern auch die verschiedenen Techniken. Deshalb kann auch ein gut trainierter Athlet noch Trainingsreize setzen.

Beweglichkeit

Die Beweglichkeit bezieht sich auf den Bewegungsumfang der Gelenke. Sie werden merken, dass es im Rope Skipping einige Techniken gibt, die ein bestimmtes Maß an Beweglichkeit erfordern. Sie wird durch das Üben dieser Techniken erhalten und verbessert. So erfordert der Back Cross (s. S. 78) Beweglichkeit im Schultergelenk, der Toad (s. S. 80) im Hüftgelenk. Durch die Vielfalt der Tricks ist gewährleistet, dass die Beweglichkeit aller Gelenke trainiert wird.
Eine gute aktive Beweglichkeit ist sowohl im Sport als auch für die Unfallprävention von großer Bedeutung.

Schnelligkeit

Je schneller das Seil dreht, umso schneller müssen Sie sich bewegen. Hier gibt es fast keine Grenzen. Sie können jede beliebige Rope-Skipping-Technik so schnell wie möglich ausführen. Die Schnelligkeit spielt vor allem im Leistungssport ein große Rolle. Im Gegensatz zu Kraft und Ausdauer ist die Schnelligkeit praktisch ohne Bedeutung in der Gesundheitsvorsorge. Um gewisse Techniken auszuführen, zum Beispiel Triples mit einem Cross, müssen sie einfach schnell sein, sonst klappt es nicht.

Koordination

Was Rope Skipping gegenüber anderen Fitness-Trainings auszeichnet, ist die besondere Anforderung an die Koordination. Deshalb eignet es auch so gut als Konditionstraining für andere Sportarten. Warum sollte man mit dem Ausdauertraining nicht gleich die Koordination und Konzentration fördern, sind diese doch fast in allen Sportarten leistungsbestimmend? Auch im Alltag sind wir immer wieder Situationen ausgesetzt, die ein gewisses Maß an Koordination erfordern, ebenso bei Hobbys wie Skifahren, beim Strandfußball in den Ferien, beim Spielen mit den Kindern usw.
Das Steuern und Regeln von Bewegungen ist trainierbar. Die Bewegungsabläufe werden durch wiederholte Übung sozusagen gespeichert. Das Zentralnervensystem legt sich über die Abläufe gewissermaßen eine Datenbank an – einen »Bewegungsschatz«. Je größer diese Datenbank ist, umso leichter fällt auch das Erlernen von neuen und komplizierten Abläufen. Rope Skipping stellt immer neue Herausforderungen an Ihre Fähigkeiten zur Koordination. Denn abgesehen von den vielen, verschiedensten Sprungtechniken können Sie fast alle Bewegungen immer auch rückwärts ausführen oder mit gekreuzten Armen, mit Doubles oder rechts und links, mit einer Drehung usw. So ergeben sich immer wieder neue Möglichkeiten für Sie, ihren Bewegungsschatz zu erweitern, das Bewegungsgefühl zu schulen und das Bewegungsempfinden zu verfeinern.
Mit Rope Skipping können Sie folgenden koordinative Fähigkeiten trainieren und verbessern:

Kinästhetische Wahrnehmung
Darunter versteht man das Gefühl des Körpers für Bewegung und Position. Kinästhetische Rezeptoren befinden sich in den Muskeln, Bänder, Sehnen und Gelenken. Sie teilen mit, wo, in welcher Stellung und mit welcher Kraft und Geschwindigkeit sich die einzelnen Gliedmaßen bewegen oder wo sie sich befinden. Das Körper- und Bewegungsgefühl wir durch Rope Skipping optimal trainiert, denn die Techniken müssen alle über diese Wahrnehmung gesteuert werden: Mit Sehen und Denken sind Sie immer zu spät.

Timing
Timing ist die Fähigkeit, eine Bewegung im richtigen Moment auszuführen. Oft ist im Sport nicht die Schnelligkeit entscheidend, sondern das Vermögen, eine Handlung nicht zu spät, aber eben auch nicht zu früh auszuführen. So ist zum Beispiel beim Double nicht die Höhe des Sprungs entscheidend, sondern wann Sie das Seil beschleunigen.

Rhythmus
Die Fähigkeit, Bewegungen in einer bestimmten Taktfrequenz auszuführen, nennt man Rhythmusgefühl. Mit oder ohne Musik ist Rope Skipping sehr gut geeignet, das Rhythmusgefühl zu entwickeln.

Orientierungsfähigkeit
So nennt man die Fähigkeit, sich im Raum zu orientieren. Das wird zum Bespiel bei den Rotations (s. S. 54, 81) trainiert, bei denen sich der Körper um seine Längsachse dreht.

Gleichgewicht
Ein gut entwickelter Gleichgewichtssinn ist wichtig, um Unfällen vorzubeugen. Sie können den Gleichgewichtssinn trainieren, indem Sie zum Beispiel auf einem Bein stehen und dazu Arm Wraps (s. S. 47, 48) ausführen, oder springen Sie auf einem Bein.

Sie sehen, mit Rope Skipping können Sie umfassend und abwechslungsreich trainieren. Je nach Einsatz der verschiedenen Techniken können Sie bestimmte Bereiche der körperlichen Fitness optimieren und so Ihr persönliches Fitness-Ziel erreichen.
Eine Verbesserung der koordinativen Fähigkeiten wirkt sich auch positiv auf das Leistungsvermögen in anderen Sportarten aus. Für die Unfallverhütung hat die Koordinationsfähigkeit ebenfalls eine große Bedeutung, und das ist für den Fitness- und Gesundheitssportler genauso wichtig wie für den Wettkampfsportler. Durch Rope Skipping werden Ihre Bewegungsabläufe harmonisiert, Ihr körperlicher Ausdruck wird positiv beeinflusst, und Ihre Bewegungen werden ästhetisch.

Mentale Faktoren
Auch der mentale Bereich wird beim Rope Skipping gefordert. Um zu springen, müssen Sie immer bei der Sache sein. Sie können nicht, wie zum Beispiel auf dem Hometrainer, nebenbei Zeitung lesen oder TV sehen. Sie müssen sich ganz auf Ihr Tun konzentrieren, die Bewegungen fühlen. Sie schulen Ihre Konzentrationsfähigkeit, und dieses Bei-der-Sache-Sein bringt auch bessere Resultate und mehr Befriedigung als ein halbherzig ausgeführtes Training, von dem Sie sich abzulenken versucht. Mit Rope Skipping trainieren Sie auch Ihren Willen. Um eine schwierige Technik zu lernen, die Ihnen zunächst nicht gelingen will, müssen Sie Ihren Willen einsetzen. Und mit der 3 Minuten Speed Endurance zum Beispiel können Sie hervorragend Ihren Durchhaltewillen trainieren.
Für Erfolg sind Konzentrationsfähigkeit und Willenskraft wichtige Faktoren.

Häufig gestellte Fragen

Haben 10 Minuten Rope Skipping wirklich den gleichen Trainingseffekt wie 30 Minuten Jogging?

Eine solche Aussage lässt einen schon allein der gesunde Menschenverstand anzweifeln. Dieser Mythos wird bewusst am Leben erhalten, er soll helfen, Rope Skipping besser zu verkaufen. Dabei hat diese Sportart solche Kniffe gar nicht nötig.

J. Baker will 1968 in einer Studie herausgefunden haben, dass 10 Minuten Seilspringen den gleichen Einfluss auf das Herz-Kreislauf-System haben wie 30 Minuten Jogging. Diese Aussage stimmt nicht, auch wenn sie in neueren Büchern und Werbebroschüren über Rope Skipping verbreitet wird. Neue Untersuchungen zeigen, dass Rope Skipping sehr effizient ist, um das Herz-Kreislauf-System zu trainieren, aber eben nicht in dem Maß, wie es Baker berechnet hatte.

Um die Belastung und damit den positiven Trainingseffekt auf das Herz-Kreislauf-System zu beurteilen, kann man den Sauerstoffverbrauch beim Training messen. Je mehr Sauerstoff verbraucht wird, umso intensiver ist die Belastung des Herz-Kreislauf-Systems. Vergleicht man den Sauerstoffverbrauch von Rope Skipping und Jogging, so sieht man, dass es keinen großen Unterschied gibt.

Jogging mit 10 km/h = 11 MET
Rope Skipping mit ca. 130 U/min. = 11 MET

1 MET entspricht dem Sauerstoffverbrauch des Menschen im Ruhezustand: 3, 5 ml pro Minute und Kilogramm Körpergewicht.
11 MET bedeutet also, dass Sie 11-mal mehr Sauerstoff verbrauchen als im Ruhezustand. (Die Maßeinheit MET ist von Metabolismus, Stoffwechsel, abgeleitet.)

Der Vergleich zeigt auch, dass es darauf ankommt, wie schnell man läuft und wie schnell man springt. Denn eine höhere Geschwindigkeit oder größere Taktfrequenz würden den Sauerstoffverbrauch ansteigen lassen und somit die Intensität erhöhen. Intensiver bedeutet aber nicht unbedingt, dass es ein besseres Herz-Kreislauf-Training ist. Es kann auch zu intensiv sein.

Ist Seilspringen für einen Anfänger nicht zu anstrengend?

Die Intensität beim Seilspringen hängt von der Geschwindigkeit und der jeweiligen Technik ab. Wenn man die Technik nicht beherrscht, so springt man zu hoch und zu verkrampft, was die Intensität steigert. Das führt zu der Annahme, dass Seilspringen zu anstrengend ist.

Sie können Rope Skipping Ihrem individuellen Leistungsvermögen anpassen, indem Sie verschiedene Techniken während Ihrer Trainingseinheit üben. Sie unterbrechen die Sprungtechniken immer wieder mit so genannten Non-Jumping-Techniken. Bei diesen wird nicht gesprungen, ihre Intensität ist daher geringer.

Nicht jede Technik ist gleich anstrengend. Sie können also auch über die Auswahl der Techniken die Intensität individuell einstellen. Außerdem läßt sich jede Technik schneller oder langsamer springen.

Wenn Sie regelmäßig üben, werden Ihre Bewegungen schon nach kurzer Zeit ökonomischer und locker. Das Seilspringen wird Sie viel weniger anstrengen.

So kann eigentlich jede Person eine Stunde lang mit dem Seil trainieren, aber man muss nicht zwingend so lange springen. Wenn Sie Ihre Übungseinheit so aufbauen, wie Sie das auf den folgenden Seiten lernen werden, bietet Rope Skipping jedem eine ideale Trainingsmöglichkeit.

Ich habe zwei »linke Füße«, kann ich trotzdem seilspringen?

Das Geheimnis des Seilspringens ist regelmäßiges Üben. Oft besteht die Überzeugung, Seilspringen müsse man einfach können. Es ist ja nur ein Kinderspiel. Es ist aber eine Fertigkeit, die man erlernen muss. Jede Person kann lernen, mit dem Springseil zu trainieren. In diesem Buch lernen Sie Schritt für Schritt, das Springseil zu führen. Mit dem Training werden sich auch Ihre koordinativen Fähigkeiten laufend weiterentwickeln. Ihr Gefühl für das Seil und seine Bewegung werden sich immer besser ausbilden.

Der Vorteil von Rope Skipping gegenüber anderen Ausdauersportarten ist gerade der Anspruch an die Koordination. Daher macht es ja auch so viel Spaß, mit dem Seil zu trainieren. Immer wieder kommt es vor, dass Seilspringer/innen von einer neuen Technik nicht lassen können. Sie trainieren verbissen, bis der Trick gelingt.

Ist Seilspringen ungesund für die Knie und den Rücken?

Beim Seilspringen wird im Gegensatz zum Jogging der größte Teil des Aufpralls von der Wadenmuskulatur abgefedert. Beim Jogging überträgt sich der Aufprall über die Ferse auf das Knie, das Hüftgelenk und den Rücken. So ist die Belastung beim Laufen $1\frac{1}{2}$-mal größer als beim Seilspringen – oder sogar noch mehr. Für einen gesunden Menschen ist Seilspringen kein Problem. Wenn Sie sich unsicher sind, fragen Sie Ihren Arzt, bevor Sie mit Rope Skipping beginnen.

Seilspringen ist doch langweilig

Wenn Sie versuchen, alle Techniken und Varianten zu üben, die in diesem Buch gezeigt werden, werden Sie schnell herausfinden, dass diese Aussage nicht stimmt. Und die gezeigten Möglichkeiten sind noch lange nicht alle. Es gibt sehr viele Springseil-Tricks, und Sie können sie unendlich kombinieren. Sie können Tricks selber entwickeln oder Bewegungen aus anderen Sportarten und aus Tanzstilen übernehmen. Ihrer Kreativität und Phantasie sind keine Grenzen gesetzt. Und mit Ihrer Lieblingsmusik im Walkman vergeht die Trainingszeit wie im Fluge. Rope Skipping ist eine Herausforderung, die nie abnimmt und immer wieder Erfolgserlebnisse bietet.

Kann man mit Rope Skipping auch Fett verbrennen?

Ja, denn Fett, die gespeicherte Energie, muss man durch körperliche Aktivität verbrennen. Das kann man mit Rope Skipping gut.
Bis vor kurzem hat man empfohlen, mit einer Intensität von 60 bis 70 % der maximalen Herzfrequenz zu trainieren, um Fett abzubauen. Es hieß, bei dieser Intensität gäbe es einen hohen Anteil an Energie, die aus gespeichertem Fett bezogen wird. Man sprach von der Fettverbrennungszone.
Bei einer hohen Belastung hat der Stoffwechsel keine Zeit, Energie aus Fett zu beziehen, weil diese sozusagen langsam fließt. Denn für die Energiegewinnung aus Fett wird mehr Sauerstoff benötigt als für die aus Kohlenhydraten.
Heute spricht man nicht mehr von der Fettverbrennungszone, um abzunehmen, ist der Gesamtverbrauch an Kalorien viel wichtiger als der Anteil von Fett am Energieverbrauch.
Es lässt sich auch nicht einfach sagen, wann Fett die meiste Energie liefert, denn das hängt nicht nur mit der Intensität des Trainings zusammen. Die Ernährung, der Trainingszustand und der individuelle Stoffwechsel spielen eine Rolle.

Trainingspuls (Intensität)	120	160
Trainingszeit	30 min.	30 min.
Kalorienverbrauch total	300	450
davon Fettanteil in %		
in kcal	70	50
	210	225

Das Beispiel zeigt, dass bei höherer Intensität prozentual weniger Fett verbrannt wird und sich der Verbrauch von Fett-Kalorien kaum ändert. Entscheidend ist, dass insgesamt 150 kcal mehr verbrannt werden.

Um Fett abzubauen, kommt es nur darauf an, dass Sie am Ende des Tages eine negative Energiebilanz haben – und das über einen längeren Zeitraum.

Kalorienverbrauch pro Tag		2000	kcal
zugeführt durch Essen		2200	kcal
Saldo	plus	200	kcal

Wie bei Ihrem Bankkonto: 2200 verdient, 2000 ausgegeben, ergibt ein Plus von 200. Das legen wir auf die hohe Kante – der Körper deponiert eben entsprechend Fett.

Um abzunehmen, muss es so aussehen:

Kalorienverbrauch (erhöht durch eine halbe Stunde Rope Skipping)		2300	kcal
zugeführt durch Essen (sichtbares Fett weggelassen)		1800	kcal
Saldo	minus	500	kcal

Die negative Energiebilanz ist der entscheidende Faktor fürs Abnehmen, nicht so sehr die Trainingsintensität. Wichtiger ist dagegen die Häufigkeit und die Dauer und natürlich die Energiezufuhr, sprich das Essen. Dabei gibt es

auch nicht irgendwelche geheimnisvollen Lebensmittel-Kombinationen oder bestimmte Lebensmittel mit speziellem Einfluss auf den Stoffwechsel. Am Ende eines Tages müssen Sie unter dem Strich mehr Kalorien verbraucht als aufgenommen haben. Dann geht der Körper an seine Reserven. Genauso, als wenn Sie vor Ende des Monats Ihr Geld aufgebraucht hätten und nun das Sparbuch angehen müssten.
Um abzunehmen, sollte Ihr Kalorien-Minus 300 bis 500 kcal pro Tag betragen. Das erreichen Sie durch regelmäßiges Training und kontrollierte Nahrungsaufnahme.
Die durch körperliche Aktivität verbrauchte Menge an Kalorien ist vom Körpergewicht, von der Intensität, der Art der Bewegung und der Dauer des Trainings abhängig.

Kalorienverbrauch im Rope Skipping bei etwa 120 bis 130 U/min. mit dem Jog Step:

Körpergewicht in kg	kcal/min.	kcal/Std.
45	8,3	498
50	9,2	552
55	10,1	606
60	11,0	660
65	12,0	720
70	12,9	774
75	13,8	828
80	14,7	882
85	15,6	936
90	16,6	996
95	17,5	1050
100	18,4	1104

Warum kommt es manchmal beim Training zu Schmerzen im Schienbeinbereich?

Beim Seilspringen, aber auch beim Joggen oder Inlineskaten usw., kann es manchmal zu Schmerzen im Schienbeinbereich kommen. Die Amerikaner haben dafür den Begriff »Shin splints« geprägt. Auf Deutsch spricht man oft von einem Schienbeinkantensyndrom. Die Schmerzen können dabei verschiedene Ursachen haben, zum Beispiel eine Entzündung der Sehnenansätze oder eine Druckerhöhung in einem Muskelkompartiment.

Die Ursachen sind:

- zu häufiges Training
- zu langes und zu intensives Training
- Training auf harten Böden
- falscher Sportschuh
- O-Beine, Hohlfuß, Senkspreizfuß

Wenn solche Schmerzen auftreten, können Sie die ersten drei Punkte selbst korrigieren: Springen Sie nicht jeden Tag, gönnen Sie Ihrem Körper genügend Erholung, steigern Sie den Trainingsumfang nur allmählich. Es ist sinnvoller, 3-mal eine halbe Stunde zu springen als 1-mal pro Woche 1 ½ Stunden. Kontrollieren Sie die Intensität. Wählen Sie einen Trainingsort mit leicht federnden, nachgebenden Boden, und dehnen Sie sich nach dem Training.

**Lassen Sie sich beim Kauf des Sportschuhs von einer Fachperson beraten.
Eventuelle Fehlstellungen der Füße und Beine sollten Sie durch einen Arzt feststellen lassen und gegebenenfalls geeignete Korrekturhilfen benutzen.**

Welches ist das richtige Seil?

Bei Springseilen gibt es viele unterschiedliche Modelle. Sie unterscheiden sich durch das Seilmaterial, die Konstruktion der Griffe, das Gewicht und die Farbe. Das Material des Seils spielt für die Dreheigenschaften und das Führen des Seils eine wichtige Rolle.
Das einzig richtige Rope-Skipping-Seil gibt es nicht. Vielmehr hängt die Auswahl vom Trainingsziel und vor allem davon ab, dass man sich damit wohl fühlt. Beim Erlernen einer bestimmten Technik kann auch ein bestimmter Seiltyp von Vorteil sein.
Da ein gutes Seil nur etwa 6 bis 18 Euro kostet, haben die meisten Springer sowieso mehrere Varianten.

Das Seilmaterial

Beaded Rope (e)

Beim Beaded Rope sind Kunststoffröhrchen von 2 cm Länge und 1 cm Durchmesser auf einer Schnur aufgezogen. Durch diese Konstruktion verdreht sich das Seil nicht in sich selbst und hält auch bei komplexen Techniken oder beim langsamen Springen einen »guten Bogen«. Durch sein Gewicht von etwa 140 Gramm hat es auch einen guten Trainingseffekt auf den Oberkörper. Wegen seinem relativ großen Durchmesser und den farbigen Röhrchen wird es von den Zuschauern gut wahrgenommen. Es eignet sich deshalb sehr gut für Showauftritte.

All diese Eigenschaften machen es zu dem besten Allzweckspringseil.

Speed Rope (c)

Speed Ropes bestehen meistens aus Vinyl. Es gibt sie in fast allen Farben. Dieses Seil kann sich im Griff frei drehen, das Verhältnis der Masse zum Volumen ist gut, was dem Seil gute Dreheigenschaften verleiht. Mit ca. 65 Gramm ist es etwa halb so schwer wie ein Beaded Rope.
Seile aus Kunststoff erreichen eine hohe Geschwindigkeit. Sie eignen sich daher gut, um die Schnelligkeit zu trainieren. Achten Sie beim Kauf darauf, dass sich das Seil im Griff auch wirklich dreht und die Kunststoff-Oberflächen nicht aneinander »kleben«. Das Seil darf auch nicht zu elastisch sein. Um das zu überprüfen, greifen Sie in der Seilmitte ein etwa schulterbreites Seilstück und ziehen es auseinander. Das Seil sollte sich höchstens 1 bis 2 cm auseinander ziehen lassen. Dabei sollte es sich fest anfühlen und nicht elastisch.

High Speed Rope/ Wire Rope (a, b)

Diese Art von Seil ist sehr schnell. Sie wird von den Wettkämpfern bei den Speed Events verwendet. Es sind dünne, mit Kunststoff überzogene Drahtseile, sie weisen eine hohe Dichte auf. Sie sind nur ca. 2 mm dick und etwa 40 Gramm schwer. Durch ihr geringes Gewicht belasten sie die Arm- und

Schultermuskulatur trotz hoher Geschwindigkeit nicht sehr stark.
Es gibt aber auch dickere und schwerere High Speed Ropes zu kaufen: mit etwa 5 mm Durchmesser und etwa 90 Gramm. Damit können Sie die Kraft im Oberkörper trainieren. Diese Art von Seilen eignen sich wegen ihrer geringen Flexibilität nicht für komplexe Techniken, sondern für Speed- und Powertraining.

Gewobenes Seil (f)

Es besteht aus Hanf oder synthetischem Material. Der große Vorteil der gewobenen Seile ist, dass sie nicht so schmerzen, wenn sie den Körper treffen. Das kann bei gewissen Techniken wie dem Samurai Whirl nützlich sein. Wenn Sie nicht eng gewoben sind, weisen sie eine geringe Dichte auf, was sich auf die Dreheigenschaft negativ auswirkt. Der Luftwiderstand ist zu groß im Vergleich zur Massenträgheit, sie »drehen nicht von selbst«. Deshalb müssen sie mit dem ganzen Arm geschwungen werden, nicht nur aus dem Handgelenk. Es gibt Sie mit Griffen oder ohne Griffe. Sie sind, ohne Griffe, etwa 100 Gramm schwer.

Lederseil (d)

Das Leder-Springseil hat etwas Nostalgisches und Ursprüngliches. Wenn Rocky sich in eine einsame Landschaft zurückzieht, um »back to the roots« zu trainieren, dann macht sich ein Lederseil natürlich besser als ein Plastikseil. Springseile aus Leder sind etwas schneller als gewobene Seile. Sie eignen sich für das einfache Seilspringen, nicht aber für komplexe Techniken. Die Qualität des Leders ist unterschiedlich gut und entscheidend für die Dreheigenschaften des Seils. Oft lassen sie sich in der Länge nicht oder nur sehr schwer verändern. Beim Kauf sollten Sie darauf achten, dass das Leder nicht trocken und brüchig ist. Notfalls kann das Seil mit Lederfett für Schuhe gepflegt werden. Das Gewicht eines Lederseils ohne Griffe beträgt etwa 80 Gramm.

Seil mit Gewichten (g)

Entweder ist das Seil selbst schwer, zum Beispiel ein mit Sand gefüllter Schlauch, oder die Gewichte befinden sich in den Griffen. Ein schweres Seil eignet sich für das intensive Training der Schulter- und Armmuskulatur. Gewichte in den Griffen bewirken nur, dass die Arme durch die Schwerkraft verstärkt nach unten gezogen werden. Dagegen hat ein schweres Seil zur Folge, dass die Zentrifugalkraft erhöht wird und so eine größere Kraft in alle Richtungen wirkt. Dadurch wird die gesamte Schulter- und Armmuskulatur mehr trainiert. Das Gewicht im Griff dagegen wirkt sich fast nur auf den Bizeps aus. Für ein gezieltes Oberkörper-Training ist das schwere Seil besser geeignet als die Gewichte in den Griffen.

Das Beaded Rope ist mit etwa 140 Gramm (ohne Griffe) doppelt so schwer wie das Speed Rope. Damit verdoppelt sich auch die Zentrifugalkraft, bei einer Verdoppelung der Geschwindigkeit vervierfacht sich die Zentrifugalkraft sogar! Schon mit dem Gewicht eines Beaded Ropes lassen sich sehr gute Trainingsresultate erzielen.
Es gibt Seile, die mehrere 100 Gramm schwer sind. Beim Training mit diesen müssen Sie darauf achten, dass es nicht zu einer Überbeanspruchung der Handgelenke und Verspannungen im Nackenbereich kommt.

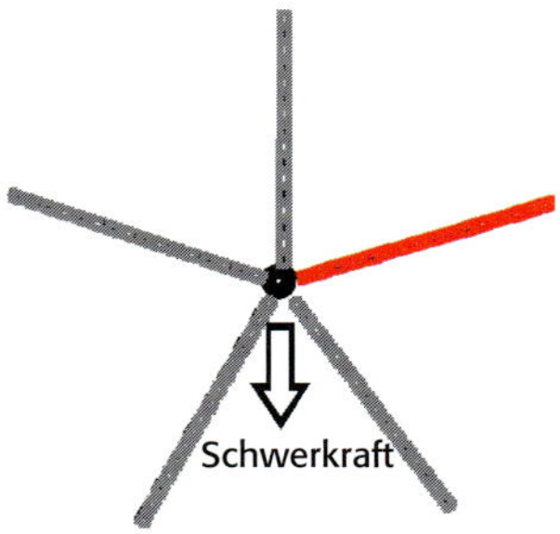

Die Zentrifugalkraft, auch Fliehkraft genannt, ist die Kraft, die bei einer Rotationsbewegung den bewegten Körper vom Zentrum nach außen zieht. Ihre Größe wird durch die Geschwindigkeit, die Masse des bewegten Körpers und den Radius bestimmt.

Wir empfehlen Ihnen, mit einem Beaded oder einem Speed Rope anzufangen.

Die Seillänge

Die richtige Länge des Seils ist wichtig für eine aufrechte und lockere Körperhaltung beim Springen. So messen Sie die richtige Seillänge ab:
Halten Sie das Seil vor ihrem Körper, die Griffenden nach oben. Steigen Sie mit einem Fuß in die Seilschlaufe. Ziehen Sie nun die Griffenden zu Ihren Achseln. Die Griffenden sollten jetzt ihre Achselhöhlen berühren. Das Seil ist dabei gespannt.
Für das Speed-Training wird ein Seil verwendet, das mindestens 10 % kürzer ist als normal, hauptsächlich deswegen, weil die Arme sehr eng am Körper sind und man eine leicht gebückte Haltung einnimmt. Ein geringerer Radius (= kürzeres Seil) mindert auch die Zentrifugalkraft, verkürzt den Weg und erhöht damit die Geschwindigkeit. Kürzen Sie für Speed das Seil stufenweise, bis Sie die optimale Länge für sich gefunden haben.

Kürzen des Beaded Ropes
Legen Sie das Seil gerade ausgestreckt auf den Boden. Nun können Sie einen der Griffe in Richtung des anderen schieben, so dass die Schnur hinten aus dem Griff herausragt. Öffnen Sie den Knoten und nehmen Sie den Griff weg. Nun könne Sie so viele Röhrchen entfernen wie notwendig. Ziehen Sie den Griff wieder über die Schnur und machen Sie einen Knoten. Kontrollieren Sie die Länge, wenn sie stimmt, schneiden Sie die Schnur ab.

Kürzen des Speed Ropes
Schieben Sie den Griff in die Seilmitte. Ziehen Sie die Krampe mit Hilfe eines spitzen Gegenstandes, zum Beispiel einer Messerspitze, aus dem Seil und dem Stopper. Schieben Sie nun den Stopper so weit nach vorne wie notwendig. Drücken sie die Krampe mit Hilfe eines harten Gegenstandes gerade in den Stopper

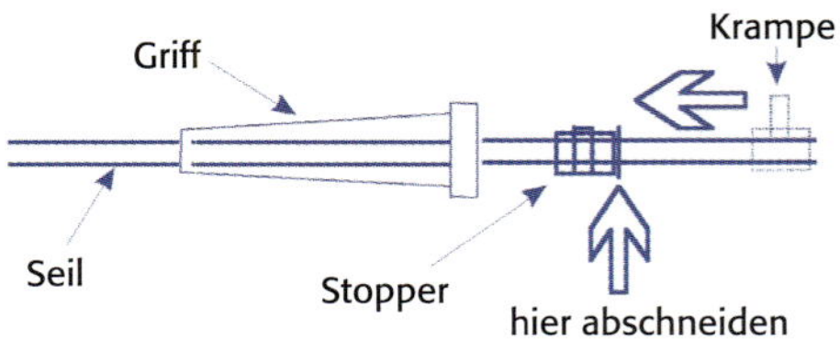

und das Seil. Bevor Sie das Seil am Ende des Stoppers abschneiden, sollten Sie die Länge nochmals überprüfen.
Man kann die Seillänge auch durch Knoten einstellen. Diese müssen aber immer vor dem Griff im Seil sein. Denn wenn man das Seil aus dem Griff nach hinten zieht und dort einen Knoten macht, kann das Seil nicht mehr frei drehen. Die Schlaufe des Seils wird durch Knoten verändert, und die Knoten selbst können sich bei einigen Tricks verfangen.
Wir empfehlen Ihnen deshalb, das Seil möglichst immer durch das Verschieben des Stoppers zu kürzen. Es sieht auch besser aus.
Verschiedene Hersteller haben noch andere Möglichkeiten entwickelt, die Seillänge einzustellen, zum Beispiel mit Schrauben oder Klammern.

Griffe

Die Griffoberfläche ist unterschiedlich glatt, je nach Modell. Sie können die Griffigkeit verbessern, indem Sie den Griff mit einem Band für Tennisschläger (Overgrip) umwickeln.
Bei Speed Ropes und Beaded Rope wird oft nur ein »Röhrchen« als Griff angeboten. Um den Griff verdicken, können Sie auch hier Overgrip-Band benutzen. Oder Sie setzen eine Unterlegscheibe auf den Griff. So können Sie den Griff locker halten, und er rutscht trotzdem nicht aus der Hand.
Es gibt auch Seile mit überlangen Griffen von etwa 20 Zentimeter Länge. Sie sollen die Ausführung von Techniken wie dem Back Cross erleichtern. Durch die langen Griffe ändern sich die Hebelverhältnisse und damit auch die Seilführung. Wenn Sie es gewohnt sind, mit einem normalen Griff zu springen, der eine Länge von etwa 11 cm hat, müssen Sie mit einem langen Griff die Techniken noch einmal neu lernen.
Bei Wettkämpfen sind lange Griffe erlaubt.

Pflege des Seils

Die Dreheigenschaft des Seils im Griff kann durch etwas Schmierfett optimiert werden.
Ein Speed Rope darf nicht zusammengelegt (geknickt), werden, man muss es aufrollen.
Hängen Sie das Seil auch nicht an einen Hacken.
Wenn beim Beaded Rope die Röhrchen beschädigt sind, die auf den Boden schlagen, sollten Sie diese ersetzen. Benutzen Sie die Röhrchen, die Sie beim Verkürzen des Seils herausgenommen haben, oder Sie kaufen gleich zwei Seile und verwenden eins als »Ersatzteillager«.

Planen Sie Ihr Training

Warum wollen Sie trainieren?

Die Trainingsplanung beginnt damit, dass Sie festlegen, welches Ziel Sie haben. Wenn diese Frage beantwortet ist, können Sie Ihr Training entsprechend planen. Das Ziel ist maßgebend für die Dauer der Trainingseinheit, für die Stärke der Belastung und die Häufigkeit des Trainings.

Mögliche Trainingsziele sind: Fett abbauen, die Sprungkraft erhöhen, eine größere Ausdauer, die Gesundheit verbessern oder die Kondition für eine bestimmte Sportart steigern usw. Es können auch konkret Rope-Skipping-Ziele sein, wie etwa 100 Doubles am Stück, 10-mal hintereinander rückwärts gekreuzt oder gar ein Rope-Skipping-Wettkampf.

Natürlich können Sie Rope Skipping auch einfach aus Freude an der Sache machen: Den Walkman aufsetzen und das Seil zu guter Musik laufen lassen macht riesigen Spaß!

Schreiben Sie das Ziel auf und den Zeitpunkt, bis zu dem Sie es erreichen möchten. Dabei sollten Sie realistisch sein. Beim Fettabbau zum Beispiel sollten Sie sich nicht mehr als 4 kg pro Monat als Ziel setzten.

Ein Plan kann sehr einfach sein, ein Beispiel:
Ziel:
Ich will etwas für meine Gesundheit tun. Das heißt, ich will mein Herz-Kreislauf-System trainieren, so dass ich 20 Minuten am Stück seilspringen kann, ohne das Gefühl zu haben, erschöpft zu sein. Dieses Ziel will ich in sechs Monaten erreichen.
Plan:
Jeweils am Montag und am Donnerstag um 19:00 Uhr und am Samstag um 10:00 Uhr werde ich eine halbe Stunde mit dem Seil üben.

Eine konkrete Trainingszeit festzulegen hilft Ihnen, das Training auch wirklich regelmäßig durchzuführen. Die Erfahrung zeigt, dass man nicht oft trainiert, wenn man nur dann übt, wenn Zeit dafür ist. Also: den Tag und die Uhrzeit festlegen und in den Terminkalender eintragen. Denn für den Trainingserfolg ist die Regelmäßigkeit der wichtigste Faktor.

Wie intensiv wollen Sie trainieren?

Um einen Trainingseffekt zu erzielen, muss der Organismus überschwellig belastet werden. Eine zu geringe Belastung hat keine Anpassung zur Folge. Die Intensität muss merklich höher sein, als das im Alltag der Fall ist. Damit wird der Körper gezwungen, sich an die neuen, höheren Anforderungen anzupassen. Eine zu hohe Intensität könnte aber auf die Dauer zu Überbelastung führen. Es gilt also, die richtige Stärke für Ihr Training zu finden.

Je nach Höhe der Intensität ändern sich die Stoffwechselvorgänge im Körper. Der Muskel muss je nach geforderter Leistung unterschiedliche Energiequellen nutzen.

Die Muskelkontraktion wird letztendlich von ATP (Adenosintriphosphat) ausgelöst. Die Energiequellen dienen der Wiederherstellung von ATP. Für 2 bis 3 Sekunden kann die Energiegewinnung über das im Muskel gespeicherte ATP geschehen, das in den Zellen gelagerte Kreatinphosphat reicht für etwa 7 Sekunden Leistung. Danach ist für etwa 60 bis 90 Sekunden die so genannte anaerobe Glykolyse der Hauptlieferant von Energie. Dabei wird Energie aus Kohlenhydraten ohne Zuhilfenahme von Sauerstoff gewonnen, es entsteht als »Abfallstoff« Milchsäure (Laktat). Auf diesem Weg erhält der Körper schnell und in genügender Menge Energie für Leistungen von hoher Intensität, zum Beispiel für einen 400-Meter-Sprint oder Dreifachsprünge.

Die Energiebereitstellung aus Fett und Kohlenhydraten mit Sauerstoff bezeichnet man als aerobe Energiegewinnung. Dabei können für

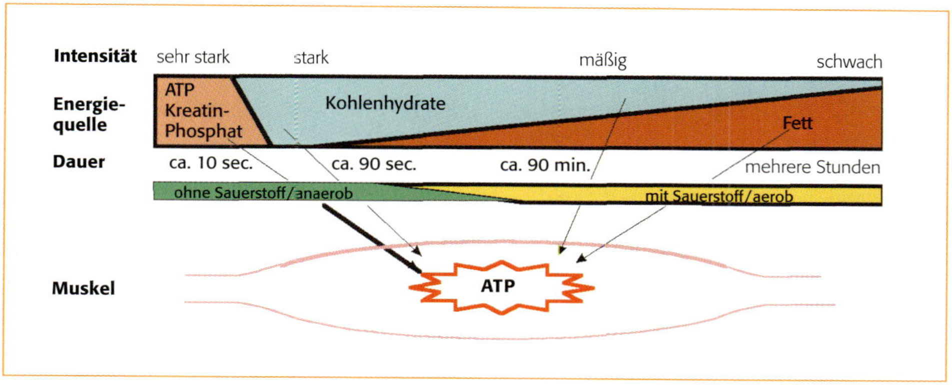

etwa 90 Minuten die Kohlenhydrate dominieren. Dauert die Belastung länger, gewinnt das Fett als Energiequelle immer mehr an Bedeutung. Auf diese Weise steht dem Körper nicht so schnell und so viel Energie zur Verfügung wie bei der anaeroben Glykolyse, aber dafür kann damit der Energiebedarf bei geringer bis mittlerer Intensität für mehrere Stunden gedeckt werden.

Wenn Sie also versuchen, in einer Minute so viele Jog Steps zu machen wie möglich, werden Sie mit dem Kreatinphosphat und der anaeroben Glykolyse von Kohlenhydraten diese intensive Leistung erbringen müssen. Versuchen Sie aber, 90 Minuten ohne Unterbrechung zu springen, werden Sie mit der aeroben Energiegewinnung von Kohlenhydraten und Fett arbeiten, weil die Höhe der Intensität eine Energiebereitstellung aus Fett erlaubt. Die Übergänge sind natürlich fließend und überlappen sich. Sie bemerken kein Umschalten von einer Energiequelle auf die andere.

Die Belastungsstärke entscheidet also darüber, welche Energiequelle der Körper nutzen kann. Im Fitness- und Gesundheitssport trainiert man hauptsächlich mit einer Intensität, die die aerobe Energiebereitstellung erlaubt.

Wie können Sie die Intensität kontrollieren?

Der Grad der Intensität ist wichtig für den Trainingserfolg und die Gesundheit. Wir stellen Ihnen nun einige Methoden und Hilfsmittel vor, mit deren Hilfe Sie die richtige Intensität für sich bestimmen können. Das Beste ist, Sie benutzen eine Kombination der verschiedenen Möglichkeiten.

Über die Herzfrequenz

Es besteht ein Zusammenhang zwischen der Herzfrequenz, dem Sauerstoffverbrauch und den Stoffwechselvorgängen. Deshalb kann man die Intensität über den Puls kontrollieren. Laut Empfehlung des *American College of Sports Medicine* sollte man bei 70 bis 85 % der maximalen Herzfrequenz (MHF) trainieren, um die Fitness zu steigern. Der Übergang zur überwiegend anaeroben Energiegewinnung liegt bei etwa 80 bis 85 % der MHF, diesen Punkt nennt man die anaerobe Schwelle.

Bis an diese Schwelle ist der Organismus fähig, das anfallende Laktat zu eliminieren. Steigert man an diesem Punkt die Belastung, kommt es zu einer Übersäuerung der Muskulatur.

Die Laktatmenge, die produziert wird, ist größer als die Menge, die beseitigt werden kann. Um die Ausdauerleistung zu verbessern, sollte

man hauptsächlich an dieser Schwelle trainieren.
Die MHF ist genetisch festgelegt und nimmt mit dem Alter ab. Das bedeutet, dass ihr Herz nicht schneller schlägt, egal wie sehr Sie sich anstrengen. Diese maximale Anzahl der Schläge wird mit 100 % bezeichnet. Sie können Sie zusammen mit einer Fachperson austesten oder die Formel 220 – Alter = 100 % als Richtlinie verwenden.

Statistischer Wert		220 Schläge
Alter 38 Jahre		
MHF 100 %	=	182 Schläge
85 % der MHF	=	155 Schläge
70 % der MHF	=	127 Schläge

Die Person in diesem Beispiel muss vor allem mit einem Puls von 127 bis 155 Schlägen Seil springen, um ihre Fitness zu verbessern.
Um die Herzfrequenz in der Praxis zu kontrollieren, empfiehlt es sich, einen Pulsmonitor zu kaufen. Diesen kann man wie eine Uhr am Handgelenk tragen. Der Puls wird von einem Gurt mit Sender, den man um die Brust gelegt hat, auf diesen Monitor übertragen. Springen und dann stoppen, um den Puls zu ertasten, ist zu ungenau.

Über die Atmung
Eine einfache, aber sehr gute Methode ist die Kontrolle über die Atmung. Die obere Grenze ist dann überschritten, wenn Ihnen zum Sprechen der Atem fehlt. Sie sollten noch kurze Sätze sprechen können.

Über das subjektive Anstrengungsempfinden
Beurteilen Sie selbst, wie hoch die Anstrengung beim jeweiligen Training gerade ist. Hören Sie auf Ihren Körper als Ganzes und nicht nur auf einzelne Signale wie Atmung, Müdigkeit der Muskulatur, Stress usw. Beurteilen Sie dabei nur die Anstrengung und nicht wie schwierig die geübte Technik ist. Sie können die Arbeit, die Sie gerade leisten, in verschiedene Intensitätsstufen einteilen: von null über schwach, mäßig, stark bis absolutes Maximum.

Sie sollten nicht bei jedem Training das Gefühl haben, sich sehr stark anzustrengen. Checken Sie während des Seilspringens den Wert, den Sie fühlen, und korrigieren Sie wenn nötig die Intensität.

Eine Häufung von Fehlsprüngen kann ein Hinweis auf Ermüdung sein. Die koordinativen Fähigkeiten nehmen in ermüdetem Zustand ab. Dies kann als Schutzmechanismus des Körpers gegen Überbeanspruchung angesehen werden. Das bedeutet: das Training abbrechen oder die Intensität drosseln. Fehlsprünge als natürlichen Regulator der Intensität anzusehen ist nicht sinnvoll.
Die Aussage, ein Fehlsprung ergibt automatisch eine Pause und dadurch ist eine Regelung der Intensität gewährleistet, stimmt nicht. Man kann 100 Doubles probieren und jedes Mal einen Hänger haben. Wenn man sofort den nächsten Sprung macht, ist die Pause etwa 2 bis 3 Sekunden lang. Das ist zu kurz, um denn Puls zu senken. Außerdem sind Fehlsprünge meist intensiver als erfolgreiche, man springt verkrampft und zu hoch.

Wie kann man Intensität und Belastung steuern?

Zur Steuerung der Intensität stehen Ihnen folgende Möglichkeiten zu Verfügung:
- Jumping- und Non-Jumping-Techniken
- die verschiedenartigen Sprungtechniken
- die Anzahl der direkt nacheinander gesprungenen Techniken
- die Geschwindigkeit
- das Seilgewicht

Jumping- und Non-Jumping-Techniken
Die Belastung steuern Sie über den richtigen Mix von Jumping-Tricks (gesprungen) oder Non-Jumping-Tricks (nicht gesprungen). Bei den Non-Jumping-Techniken ist immer ein Bein am Boden, es gibt keinen Sprung. Indem Sie nun das Verhältnis von Jumping- und Non-Jumping-Techniken an Ihren Trainingszustand anpassen, beeinflussen Sie die Intensität. Nehmen wir an, Sie fangen gerade mit dem Seilspringen an, und Sie haben vorher keinen anderen Sport betrieben: Sie trainieren 20 Minuten, davon springen Sie insgesamt 10 Minuten, Sie unterbrechen diese immer wieder mit insgesamt 10 Minuten Non-Jumping-Techniken. Je besser Ihre Fitness wird, umso mehr steigern Sie den Anteil an gesprungenen Tricks – 16 Minuten gesprungen/4 Minuten Non-Jumping.

Die Sprungtechnik
Ihrem Ziel entsprechend müssen Sie die Techniken aussuchen. Zum Beispiel trainieren Sie mit einbeinigen Doubles die Sprungkraft und Sie haben eine hohe Belastungsintensität. Diese Technik kann im Konditionstraining für Handball oder Basketball angewendet werden. Der Jog Step, die Technik mit dem geringsten Energieaufwand, ist also für Einsteiger geeignet oder für ein ausgedehntes Ausdauertraining. Manche Techniken haben grundsätzlich eine höhere Intensität als andere. Beachten Sie dazu die Hinweise bei den Beschreibungen der jeweiligen Techniken. Vergessen Sie aber dabei nicht die Abwechslung und den Spaß! Die einzelne Technik kann an Intensität verlieren, je nachdem, wie gut sie beherrscht wird.

Die Anzahl gleich nacheinander ausgeführter Sprünge
Sie machen so viele Doubles nacheinander, wie Sie mit der größten Anstrengung gerade noch machen können, sagen wir, es sind 20. Ihr Puls wird hochschnellen und Sie fühlen sich danach ausgepumpt. Wenn Sie aber nur jeweils 10 Sprünge von möglichen 20 machen und Sie dazwischen einen lockeren Jog Step ausführen, regeln Sie dadurch die Intensität.

Die Geschwindigkeit
Sie können die Schnelligkeit der Sprünge einfach nach dem Gefühl kontrollieren oder mit Hilfe von Musik. Je schneller Sie das Seil schwingen, desto mehr wird der Oberkörper und das Herz-Kreislauf-System beansprucht. Am Anfang ist eine Geschwindigkeit von 125 bis 140 bpm (beat per minute, Taktschlag pro Minute) geeignet. Eine Frequenz unter 125 bpm wird von den Springenden oft als zu langsam empfunden, das Training fühlt sich zähflüssig an. Laut Ken M. Solis ist 140 bpm die Geschwindigkeit, bei der man am wenigsten Sauerstoff verbraucht, die also am wenigsten anstrengt. Sie sollten selbst ausprobieren, welche Geschwindigkeit am Anfang für Sie die beste ist.

Das Gewicht des Seils
Je schwerer das Seil, umso mehr wird die Muskulatur im Oberkörper trainiert und natürlich auch das Herz-Kreislauf-System. Springen Sie 3 Minuten lang bei 140 bpm einmal mit dem Speed Rope und einmal mit dem Beaded Rope. Sie werden den Unterschied fühlen.

Den Umfang der körperlichen Belastung können Sie über die folgenden Größen steuern:

- die Dauer einer Trainingseinheit
- die Häufigkeit des Trainings pro Woche
- Periodisierung (Jahresplanung)

Die Dauer einer Trainingseinheit
Je länger eine Trainingseinheit dauert, umso größer wird die Belastung für den Körper. Für

den Organismus ist es besser, 3-mal pro Woche eine halbe Stunde zu trainieren als nur einmal wöchentlich $1\,^1/_2$ Stunden. Die Dauer ist abhängig von Ihrem Trainingszustand und Ziel.
Wenn Sie gerade erst mit dem Training beginnen, müssen Sie kürzere Trainingseinheiten absolvieren. Jemand der schon seit mehreren Jahren zum Beispiel Aerobic oder Kampfsport betreibt, kann schon länger am Stück Seil springen.
Das Minimum, um das Herz-Kreislauf-System zu trainieren, sind 20 Minuten pro Trainingseinheit.

Die Trainingshäufigkeit:
Die folgende Grafik und die Ausführungen sollen Ihnen helfen, das nötige Gleichgewicht von Training und Erholung zu finden.

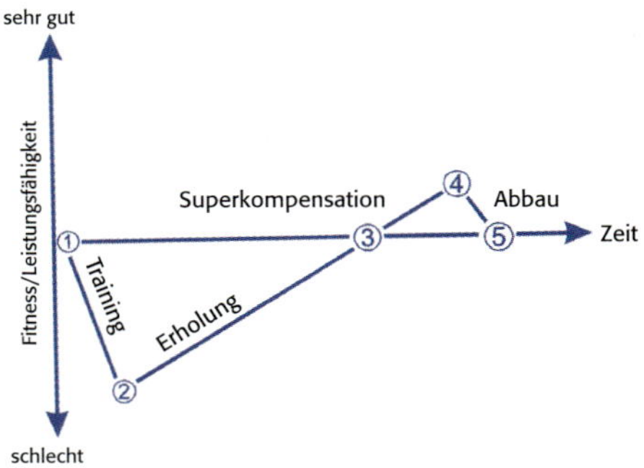

Punkt 1 ist der Ausgangspunkt. Sie sind erholt, die Energiespeicher sind gefüllt, und Sie fühlen sich 100-prozentig leistungsfähig. Ihr Organismus (Stoffwechsel) ist im Gleichgewicht. Dann trainieren Sie, Ihre Leistungsfähigkeit sinkt auf ein tieferes Niveau ab. Sie befinden sich an Punkt 2. Der Organismus ist nicht mehr im Gleichgewicht, die Energiespeicher sind nicht mehr voll.

Wie weit Punkt 2 und 1 voneinander entfernt sind, hängt davon ab, wie lange und intensiv Sie trainieren. Je weiter 2 von 1 entfernt ist, umso länger ist die Erholungszeit.
Zwischen Punkt 2 und Punkt 3 erholt sich Ihr Stoffwechsel vom Training.
Der Vorgang zwischen Punkt 3 und 4 nennt sich Superkompensation oder überschießende Wiederherstellung. Der Körper lagert mehr Energie ein, als das der Fall an Punkt 1 war. Durch ein zu frühes Training lassen Sie dem Körper für diese Phase keine Zeit, Sie haben keinen Trainingserfolg. Natürlich wird nicht nur mehr Energie gelagert, sondern auch das Herz-Kreislauf-System, die Muskeln, Bänder und Sehnen passen sich der Belastung an. Das ist das gleiche Prinzip, das die Bildung von Schwielen an den Händen verursacht.
Ideal ist es, wenn Ihr nächstes Training also an Punkt 4 erfolgt. In der Praxis ergeben sich dabei aber zwei Probleme: Erstens muss der Zeitpunkt von 4 erkannt werden und zweitens sollten Sie dann auch Zeit haben zu trainieren. Sofern man nicht Berufssportler ist, muss allerdings die Trainingszeit meistens unseren Arbeitszeiten und sonstigen Verpflichtungen angepasst werden.
Wenn Sie es aber erreichen, die Trainingseinheiten so oft wie möglich auf Punkt 4 zu legen, werden Sie mit Ihrem Training den besten Erfolg haben.
Folgt auf Punkt 4 keine neue Belastung oder eine zu geringe, wird die erhöhte Leistungsfähigkeit wieder abgebaut. Ebenso wie die Schwielen auch wieder zurückgehen, wenn die Haut an den Händen nicht weiter belastet wird.
Die Erholungszeit (2 bis 4) wird von verschiedenen Faktoren beeinflusst:

- Ernährung
- Schlaf
- mentale Faktoren

Durch das Training entsteht in gewissem Sinn ein Materialverschleiß am Körper. Dieser muss durch eine genügende und ausgewogene Ernährung ausgeglichen werden. Ein regelmäßiger Schlafrhythmus und eine Dauer von etwa 8 Stunden gewähren eine optimale Erholung. Stress, Aggressionen usw. können die Erholung verzögern.
Beobachten Sie Ihre Trainingsfortschritte und gestalten Sie entsprechen Ihre Erholungsphasen.

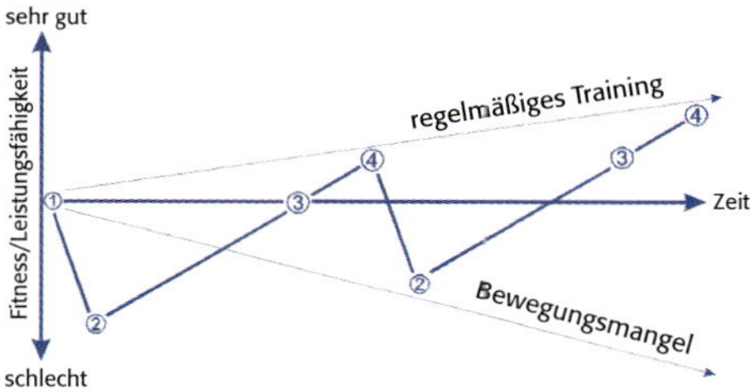

Fehlt dem Körper jede Belastung, bleibt er aber nicht einfach auf dem gleichen Niveau (Punkt 1) stehen. Vielmehr baut er laufend seine Leistungsfähigkeit ab, bis es schließlich zu krankhaften Beschwerden kommen kann. Als Grundlage für ein erfolgreiches Fitness-Training gilt die folgende Empfehlung:

Häufigkeit:	3- bis 5-mal pro Woche
Dauer:	20 bis 60 Minuten pro Trainingseinheit
Intensität:	70 bis 85 % der MFH

Periodisierung
Sie können und Sie dürfen nicht das ganze Jahr über auf dem höchsten Niveau springen. Intensive und weniger intensive Phasen sollten sich abwechseln.
Die Periodisierung wird durch Ferien, Krankheit, Wettkämpfe und Trainingsunterbrechungen jeglicher Art beeinflusst.

Periodisierung

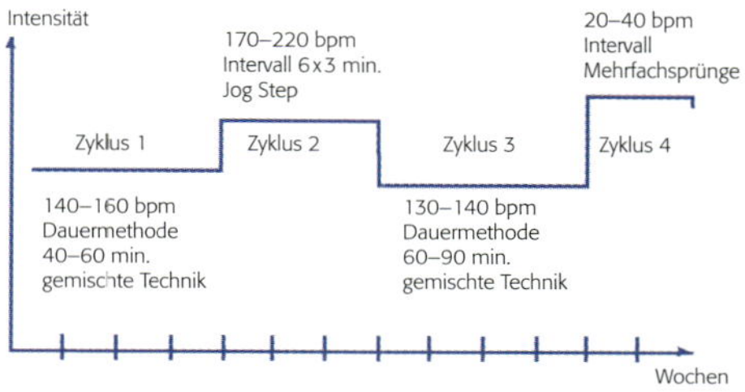

Man kann aber auch innerhalb einer Woche das Training abwechselnd gestalten: montags intensiv und kurz, mittwochs mäßig und lang, samstags mäßig bis intensiv bei einer mittleren Belastungsdauer.
Da jeder Mensch seinen eigenen Lebensrhythmus hat, lassen sich keine allgemein verbindlichen Angaben machen. Dass bedeutet, dass Sie Ihre Planung laufend kontrollieren und anpassen müssen. Ihr Körper gibt Ihnen aber immer Signale: Schmerzen oder Wohlbefinden, Vitalität oder Müdigkeit – hören Sie darauf und passen Sie das Training entsprechend an. Sie sind der einzige Mensch, der Ihren Körper fühlen kann. Damit haben Sie ein wichtiges Instrument zur Verfügung, um Ihr Training zu überwachen und zu steuern:
Hören Sie auf Ihren Körper und benutzen Sie Ihren gesunden Menschenverstand.

Wenn Sie älter sind als 40 Jahre und bisher nicht regelmäßig Sport betrieben haben, besprechen Sie das Training zuerst mit Ihrem Arzt. Das Gleiche gilt, wenn Sie Beschwerden jeglicher Art haben.

Die Trainingseinheit

Die Trainingseinheit setzt sich aus 3 Teilen zusammen:

- Warm-up
- Workout
- Cool-down

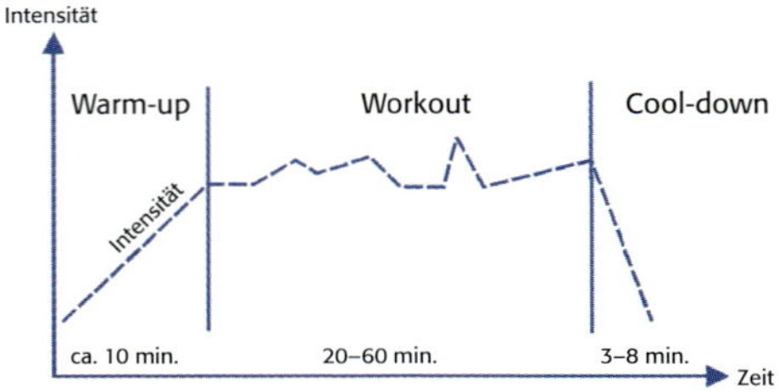

Warm-up

Unter Warm-up versteht man das langsame Steigern der Intensität am Anfang eines Trainings. Die Dauer der Aufwärm-Phase ist abhängig von Alter, Tageszeit, Trainingszustand und den klimatischen Bedingungen. Hören Sie auf Ihren Körper und passen Sie die Länge und Intensität des Warm-ups diesen Umständen an. Steigern Sie die Intensität mindestens über 10 Minuten langsam, bis Sie fühlen, dass Ihr Körper bereit ist.

Ziel des Warm-ups ist es, Ihren Körper auf die nachfolgende Beanspruchung vorzubereiten. Während dieser Phase erhöht sich Ihre Körpertemperatur, der Ablauf der Stoffwechselvorgänge in der Muskulatur ändert sich. Ihr Herz-Kreislauf-System und die Sauerstoffaufnahme werden an die Belastung optimal angepasst. Ihre Gelenke erhöhen die Produktion von Gelenkflüssigkeit. Sie werden belastbarer.

Als Übungen fürs Aufwärmen eignen sich Non-Jumping-Techniken.

Vordehnen – Stretching im Warm-up

In jüngster Zeit wird das Dehnen als Verletzungsprävention in Frage gestellt, denn das Vordehnen bewirkt eine Verminderung der Kontraktionsbereitschaft und Leistung der Muskeln. Es ist daher nicht sinnvoll, die Beinmuskulatur, vor allem die Waden, vor dem Seilspringen zu dehnen. Vor Übungen, wie dem Leg Over Pass (s. S. 42) sollte man die hintere Beinmuskulatur dynamisch dehnen, um die Beweglichkeit zu erhöhen. Dagegen ist ein rein statisches Dehnen nicht belastungsgerecht und somit nicht ausreichend. Neueste Untersuchungen zeigen, dass dynamische Dehntechniken zum Aufwärmen sinnvoller sind als statische. Dabei führen Sie in der Dehnposition ein sanftes, leichtes Ziehen und Lösen (Pumpen) durch. Eine kurze Bewegung wird dabei in etwa einer Sekunde ausgeführt. Jede einzelne Übung sollte nur etwa 10 Sekunden dauern. Wenn Sie durch Vordehnen Ihre Gelenkigkeit steigern wollen, müssen Sie darauf achten, dass Sie sich nicht wieder abkühlen.

Aber auch hier gilt: Hören Sie auf Ihren Körper. Wenn Sie fühlen, dass Stretching vor dem Training gut für Sie ist, dann tun Sie es. Stretching kann eine Art Vorbereitungsritual sein und dadurch der mentalen Einstimmung dienen.

Workout

Diese Phase beinhaltet:

- bekannte Techniken wiederholen
- neue Techniken üben
- Drills: z. B. 20 Jumping Jacks (s. S. 65) oder 50 Doubles
- neue Kombinationen zusammensetzen
- neue Techniken entwickeln
- Speed Training usw.

Ein Workout kann wiederum auf verschiedene Weise aufgebaut sein.

Dauermethode

Intensität: 70 – 85 % MHF
Dauer: 20 Minuten bis mehrere Stunden
Pause: keine
Häufigkeit: 3- bis 5-mal pro Woche

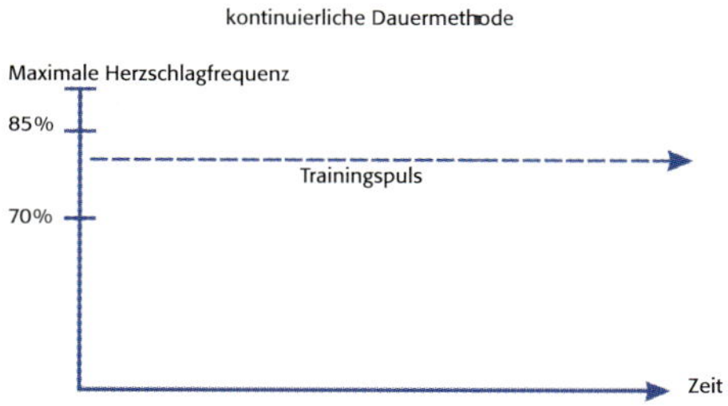

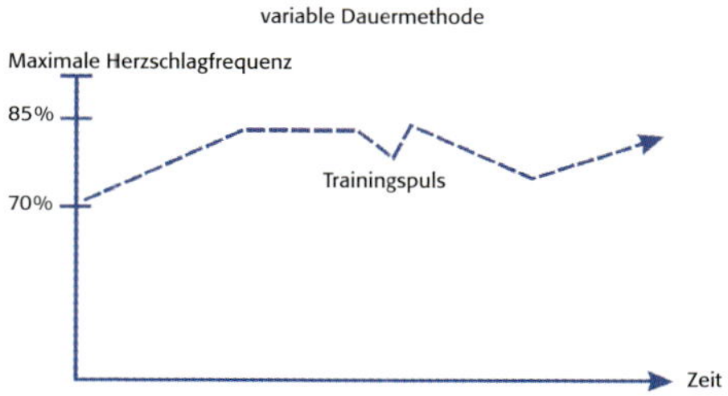

Bei dieser Methode liegt der Puls immer zwischen 70 und 85 %. Er kann konstant bei 80 % liegen, was möglich wäre, wenn man im Jog Step springt. Dann würde man von einer kontinuierlichen Dauermethode sprechen. Variiert man die Technik, zum Beispiel Cross, Knee up (s. S. 70), Jog Step, Doubles usw., so wechselt auch die Intensität und somit die Herzfrequenz. Die variable Dauermethode ist die häufigste Art zu springen.

Dieses Training führt zur:

- Stärkung des Herz-Kreislauf-Systems
- Verbesserung der Durchblutung
- Verbesserung des aeroben Stoffwechsels

Auf diese Art sollten Sie hauptsächlich trainieren um Ihre Fitness und Gesundheit zu steigern.

Intervall-Methode

Intensität:	90 % MHF
Dauer:	bis 10 Wiederholungen
Intervall:	15 bis 60 Sekunden
Pause:	unvollständige Erholung (ca. 65 % MHF)
Häufigkeit:	1- bis 2-mal pro Woche (Periodisierung!)

Sie führen bis zu 5 bis 10 einzelne intensive Einheiten durch, deren Dauer 15 Sekunden bis 1 Minute beträgt, zum Beispiel Speed oder Mehrfachsprünge. Dabei erreichen Sie einen Puls von bis zu 90 % der MHF. Dazwischen machen Sie jeweils eine »lohnende Pause«, in der der Puls auf etwa 65 % der MFH zurückgeht. In der Pause gehen Sie einfach langsam. Nicht hinsetzen oder hinlegen!

Ein Intervall-Training führt zur:

- Verbesserung der allgemeinen Erholungsfähigkeit
- Verbesserung der Laktattoleranz und -eliminierung
- Verbesserung von Schnelligkeit und Kraftausdauer
- Verbesserung der Herzleistung

Diese Art des Trainings sollten Sie nicht ausführen, wenn Sie erst mit dem Training beginnen. Gewöhnen Sie Ihren Körper zuerst durch die Dauermethode an die Belastung. Später fangen Sie allmählich mit einem Intervall-Training an. So zu trainieren empfiehlt sich, wenn Sie Ihre Kondition für eine bestimmte Sportart steigern wollen. Denn zum Beispiel bei den meisten Ball- und Kampfsportarten usw. wechseln sich Belastungen und Unterbrechungen ab.

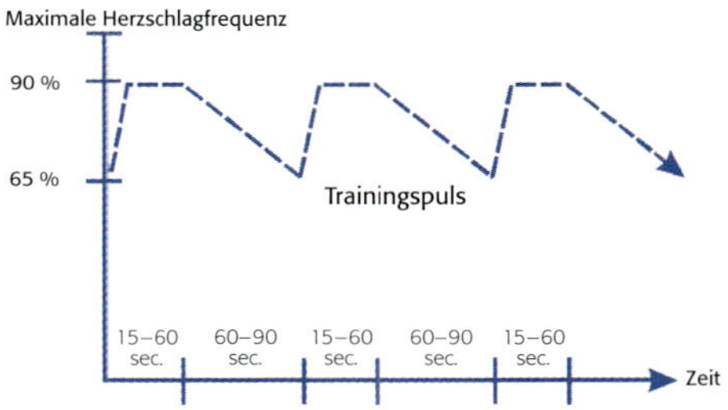

Allgemeine Tipps

Cool-down

Das Cool-down führt zu einer schnelleren Regeneration. Es begünstigt das Eliminieren von Stoffwechsel-Endprodukten. Gerade beim Schnelligkeitstraining und beim Üben von Mehrfachsprüngen sammelt sich Laktat in der Muskulatur an. Ein »Ausspringen« fördert dessen Abtransport. Für das Cool-down können sie die gleichen Übungen benutzen wie für das Aufwärmen und diese Phase durch sanftes Dehnen (etwa 10 bis 90 Sekunden) beenden. Das Dehnen im Cool-down hat vor allem einen entspannenden Charakter; in stark ermüdetem Zustand ist es nicht sinnvoll, die Beweglichkeit durch intensives Dehnen zu trainieren.
Um die Beweglichkeit gezielt zu verbessern, ist es empfehlenswert, 3- bis 5-mal in der Woche ein Stretching-Training durchzuführen. Dehnen Sie nach dem Training:

- Wadenmuskulatur
- vordere und hintere Beinmuskulatur
- Hals- und Schultermuskulatur
- Unterarmmuskulatur

Fußboden

Parkett-, Hallen- oder Teppichboden (nicht zu weich) sind gut geeignet. Achten Sie darauf, dass die Schuhe nicht kleben. Dies könnte bei Rotations zu Verletzungen führen.
Auf Gras lässt sich schlecht springen. Das Seil kann nicht rund laufen, es wird durch das Gras gestoppt. Wiederholtes Trainieren auf harten Unterlagen wie Beton, Steinplatten usw. kann sich negativ auf Ihre Gelenke auswirken. Wenn Sie in der Garage oder auf dem Balkon springen wollen, können Sie einen Teppichrest von etwa 1 x 1 m unterlegen, er sollte aber nicht zu weich sein. Oder Sie besorgen sich über ein Sportfachgeschäft eine geeignete Unterlage. Auf harten, rauen Böden (Beton) nutzt sich das Seil auch sehr schnell ab.

Kleidung

Sie können jede Kleidung tragen, in der sie sich wohl fühlen und die Ihre Bewegungsfreiheit nicht eingeschränkt. Für Frauen empfiehlt sich ein Sport-BH.

Schuhe

Springen Sie nicht barfuß. Ein guter Turnschuh mit Dämpfung und Stützung am Vorfuß ist ideal. Er sollte auch für seitliche Bewegungen festen Halt bieten. Am besten eignet sich ein Aerobic- oder Crosstrainingschuh. Probieren Sie den Schuh beim Kauf aus, Sie müssen ein gutes Gefühl haben. Laufschuhe sind weniger geeignet, da sie meist im Vorfußbereich nicht speziell gedämpft und gestützt sind.

Musik

Wählen Sie Musik aus, die Sie zum Springen motiviert. Die Art der Musik spielt keine Rolle, sie muss Ihnen nur gefallen. Mit etwas Übung werden Sie schon bald mit dem Seil zum Rhythmus der Musik springen können. Die Geschwindigkeit sollte 125 bis 160 bpm betragen

oder noch schneller sein. Die Taktschläge können Sie mit Hilfe einer Uhr zählen. Oder Sie kaufen eine CD, die speziell für Aerobic-Übungen hergestellt wurde. Auf ihr sind die bpm-Angaben schon vorhanden, außerdem gibt es zwischen den einzelnen Liedern keine Unterbrechung. Sie können auch einfach ausprobieren, bei welcher Geschwindigkeit Sie sich gut fühlen.
Wenn Sie Ihren Walkman benutzen wollen, gibt es dazu spezielle Gurttaschen, in denen er beim Springen am Körper anliegt. Die Kopfhörer des Walkmans sollten Sie mit einem Stirnband, Baseballcap o. Ä. fixieren. Es gibt auch Kopfhörer, die sich um die Ohrmuschel krümmen und so Ihren Platz behalten.

Trinken
Nehmen Sie beim Training ausreichend Flüssigkeit zu sich, pro 15 Minuten etwa 0,15 bis 0,25 Liter. Eine zu geringe Körperflüssigkeit erhöht den Puls und die Körpertemperatur beim Training. Der Stoffwechsel kann nicht mehr optimal funktionieren.
Die Leistung nimmt ab.

Schwitzen gibt keine Hinweise auf den Trainingszustand. Es gibt Menschen, die schwitzen fast nicht, während andere ein Springseil ansehen und sich schon Schweißtropfen abwischen müssen. Mit dem Training verbessert sich auch das »Kühlsystem« des Menschen. Das bedeutet, je besser Sie trainiert sind umso mehr schwitzen Sie.

Wann sollten Sie nicht trainieren?
- bei Infektionen und Entzündungen
- bei Herzproblemen (Schmerzen in der Brust)

Unterbrechen Sie das Training bei jeder Art von Schmerzen und klären Sie die Ursachen.

Einige Gedanken zum Training mit dem Seil
Beim Rope Skipping muss man die Bewegung des Seils »fühlen«. Spielen Sie mit dem Seil, lassen Sie es laufen. Meistens ist man mit Denken zu langsam, und das Seil ist schon lange um den Hals gewickelt, während wir immer noch überlegen, was wir mit den Armen und Beinen machen sollten.
Wenn ein Trick nicht gleich klappt, dann üben Sie ihn einfach das nächste Mal wieder. Irgendwann geht er plötzlich wie von selbst, und Sie fragen sich, warum Sie ihn nicht schon lange gekonnt haben, da er doch so einfach ist. Es wird Techniken geben, die Sie gleich ohne Probleme machen können. Andere müssen Sie mehrmals versuchen und üben, bis sie klappen. Manchmal kann es hilfreich sein, sich den Bewegungsablauf bildlich vorzustellen, wie einen Film.
Denken Sie auch daran, dass das Seil nur das machen kann, was Sie ihm durch Ihre Führung vorgeben. Wenn es nicht klappt, machen Sie etwas falsch und nicht das Seil – es sei denn, Sie trainieren im Freien bei starkem Wind.
Seien Sie kreativ – versuchen Sie Ihre eigenen Tricks, erstellen Sie zu Ihrem Lieblingslied eine Sprungfolge. Kombinieren Sie die Tricks in beliebiger Reihenfolge. Falsch ist etwas nur, wenn Sie etwas nicht gewollt haben. Solange das Seil das macht, was Sie wollen, ist es richtig.
Üben Sie nicht gleich am Anfang die schwierigen Techniken. Ihr erste Ziel muss es sein, locker und entspannt zu springen. Springen Sie nur so hoch wie Sie müssen. Das Seil ist nur wenige Millimeter dick.

Genießen Sie das Training mit dem Seil. Viel Spaß, Action und ein tolles Training!

Non-Jumping-Techniken

Non-Jumping-Techniken werden, wie der Name sagt, nicht gesprungen. Sie werden zur Steuerung der Intensität eingesetzt und sie eignen sich hervorragend für das Warm-up und Cool-down. Aber sie sind alles andere als langweilig. Eine Kombination von Shoulder Wrap, Leg Over Pass, 180-Windmill und Samurai Whirl verlangt Ihre volle Konzentration, und Sie können damit Zuschauer in Staunen versetzten. Und eine Serie von schnell ausgeführten Arm Wraps kann Sie außer Atem bringen.
Mit den Non-Jumping-Techniken lernen Sie, das Seil auf die verschiedensten Arten zu schwingen und zu kontrollieren. Das hilft Ihnen später bei fortgeschrittenen Sprüngen.

Beschreibung der einzelnen Techniken
Damit Sie die Techniken schnell erlernen und Ihr Training optimal gestalten können, sind die Anweisungen folgendermaßen strukturiert:

Der Name der Technik

(Es ist möglich, dass die Technik in anderen Quellen anders heißt.)
Der Ablauf der Technik wird beschrieben.

Trainingstipp:
Hier gibt es Hinweise, wie Sie diese Technik richtig erlernen und auf was Sie dabei speziell achten müssen.

Einsatz:
Es wird angegeben, für welchen Teil der Trainingseinheit sich diese Technik besonders gut eignet. Steht bei Doubles nur Workout, so bedeutet das auch, dass sie für das Warm-up und Cool-down nicht geeignet sind.

Belastung:
Hier steht, welche Intensität diese Technik grundsätzlich hat – schwach, mäßig, stark, sehr stark.

Trainingseffekt:
Es wird darauf hingewiesen, welchen Faktor der Fitness Sie mit dieser Technik besonders gut trainieren können. Der Aspekt Koordination wird nicht erwähnt, da diese immer eine wichtige Rolle spielt.

VARIANTEN:

Beintechnik:
Es wird beschrieben, mit welcher zusätzlichen Beinbewegung diese Übung noch gemacht werden kann.

Armtechnik:
Die zusätzlichen Armbewegungen werden angegeben.

Kombinationen:
Hier wird beschrieben, mit welcher anderen Technik in Folge sich diese besonders gut ausführen lässt. Die Aufzählungen sind Hinweise und nicht abschließend, ebenso wie bei der Bein- und der Armtechnik. Probieren Sie möglichst viele Kombinationen aus.

Laufrichtung des Seils:
Auch wenn es vielleicht manchmal schwer fällt, die beschriebene Technik lässt sich mit den hier aufgeführten Laufrichtungen des Seils ausführen.
Die Richtung ist immer aus der Sicht des Springenden angegeben

Side Windmill

TRAININGSTIPP:

Das Seil sollte möglichst parallel und im rechten Winkel zum Körper drehen. Das können Sie sehr gut üben, wenn Sie seitlich zu einer Wand stehen (Grafik 1), oder Sie kontrollieren sich in einem Spiegel.

Sie halten beide Griffe in einer Hand und schwingen das Seil an Ihrer Seite.

Einsatz:
Warm-up, Workout, Cool-down
Belastung:
schwach
Trainingseffekt:
Mit Windmills lernen Sie das Seil links und rechts gleichermaßen zu beherrschen.

VARIANTEN:
Beintechnik:
Zu den verschiedenen Windmills lassen sich die meisten Beintechniken ausführen: Walk (vor-, rück- und seitwärts gehen, Grafik 2), March (auf der Stelle gehen), Knie hoch, usw.
Armtechnik:
ein- oder beidhändig

Kombinationen:
Leg Over Pass, Arm Wrap, Shoulder Wrap
Laufrichtung des Seils:
vorwärts, rückwärts

Einhändig

Beidhändig

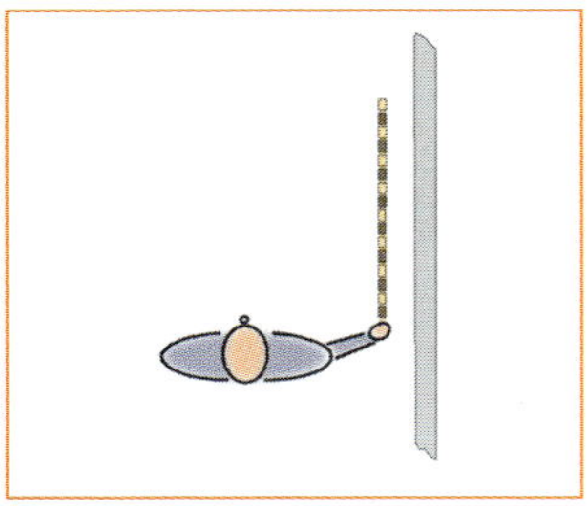

1

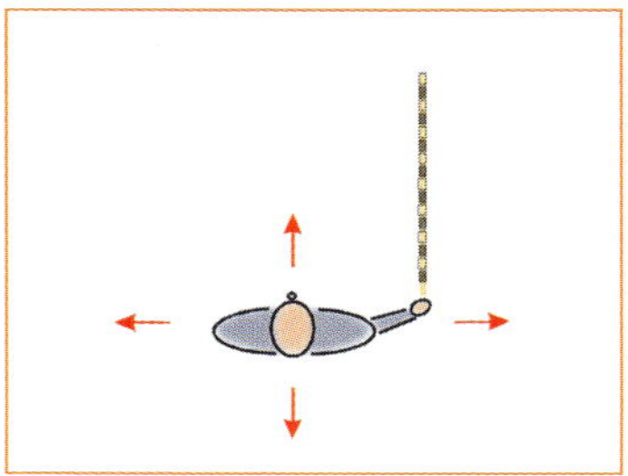

2

Cross Windmill

Aus einer Side Windmill heraus führen Sie das Seil auf die andere Körperseite indem Sie den Arm über ihre Brust kreuzen (Grafik 1). Oder Sie drehen sich um 180 Grad um Ihre Längsachse in Richtung des Seils (Grafik 2). Die Variante mit der Körperdrehung ergibt eine Cross Windmill rückwärts.

Einsatz:
Warm-up, Workout, Cool-down
Belastung:
schwach
Trainingseffekt:
Sie üben die korrekte Seilführung für Cross und Rotations und erkennen den Unterschied zwischen dem Verändern der Seilposition zum Körper (Grafik 1) und dem Verändern der Körperposition zum Seil (Grafik 2).

VARIANTEN:

Beintechnik:
Laufen auf der Stelle, March, Walk, Knie hoch

Kombinationen:
Arm Wrap, Leg Wrap, 180-Windmill
Laufrichtung des Seils:
vorwärts, rückwärts

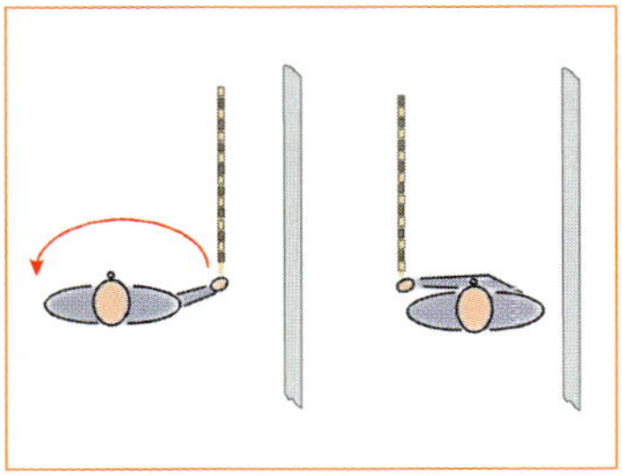

1

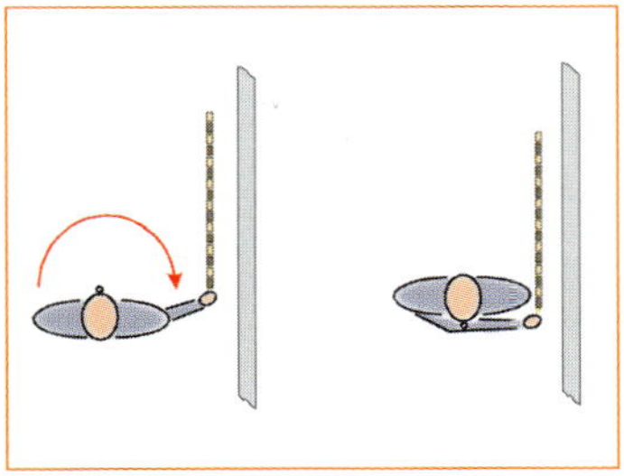

2

TRAININGSTIPP:

Schwingen Sie das Seil aus dem Handgelenk. Bei der Körperdrehung dürfen Sie die Laufrichtung des Seils nicht verändern! (Grafik 2) Obwohl das Seil nach der Körperdrehung für Sie rückwärts schwingt, schwingt es im Raum immer noch in die gleiche Richtung. Zur besseren Orientierung üben Sie an einer Wand oder stellen Siesich eine vor.

Front Windmill

TRAININGSTIPP:

Üben Sie die Körperdrehung vor einer Wand, um sicherzustellen, dass Sie dabei die Laufrichtung des Seils nicht verändern.

Schwingen Sie das Seil parallel zum Brustkorb. Das können Sie aus einer Side Windmill heraus machen, indem Sie die Hand von der Seite in 4 bis 5 Seilumdrehungen vor Ihre Brust bringen. (Grafik 1) Oder sie machen eine Side Windmill und drehen sich um 90 Grad zum Seil hin. (Grafik 2)

Einsatz:
Warm-up, Workout, Cool-down
Belastung:
schwach
Trainingseffekt:
Sie üben die Beherrschung des Seils in verschiedene Richtungen.

VARIANTEN:
Beintechnik:
Mit der Front Windmill lassen sich gut seitliche Bewegungen ausführen; z. B.
Leg Curl: schulterbreit stehen und dabei wechselseitig die Fersen anheben. Side to Side: schulterbreit stehen und das Gewicht von einem Bein auf das andere verlagern und mit dem unbelasteten Bein auf den Boden tippen.
Armtechnik:
ein- oder beidhändig

Kombinationen:
Samurai Whirl, Overhead Windmill, Leg Wrap
Laufrichtung des Seils:
mit dem oder gegen den Uhrzeigersinn

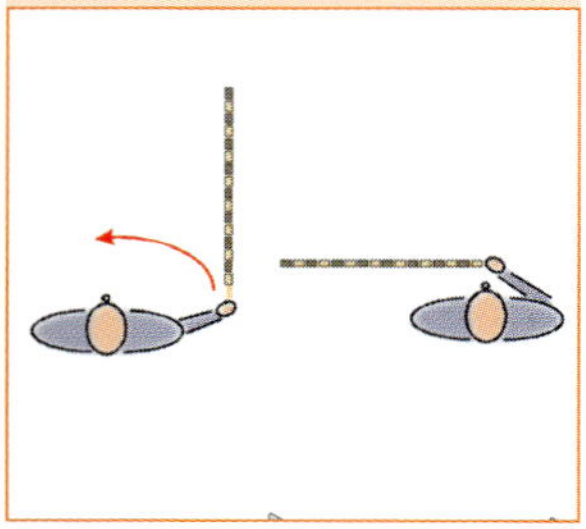

1

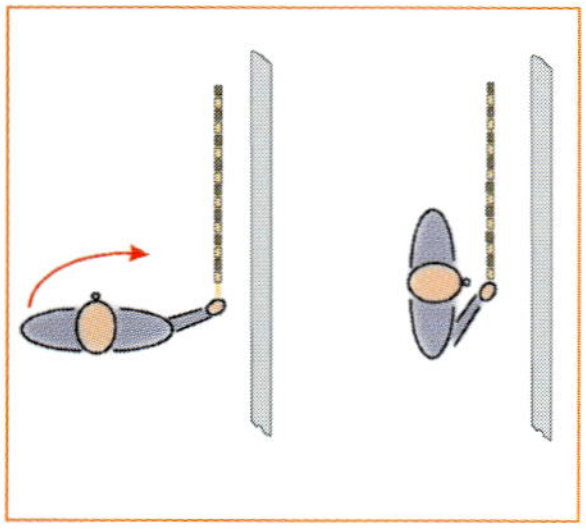

2

March

Leg Curl

Figure-8 (F-8)

Sie führen eine Side Windmill aus. Wenn das Seil von oben nach unten schwingt, führen Sie es vor Ihrem Körper auf die andere Seite, lassen es einmal eine Umdrehung machen und führen es wieder zurück. Das Seil dreht einmal pro Seite. Im Grunde ist es ein Wechsel zwischen einer Side Windmill und einer Cross Windmill.

Einsatz:
Warm-up, Workout, Cool-down
Belastung:
schwach
Trainingseffekt:
Sie üben die Seilführung; bei schneller Ausführung wird die Arm- und die Schultermuskulatur gekräftigt.

VARIANTEN:
Beintechnik:
Walk, March, Knie hoch, die Zehen anheben, die Fersen anheben. (Fersen und Zehen heben gehört in jedes Warm-up-Programm.)
Armtechnik:
Halten Sie je einen Griff in einer Hand und halten Sie die Hände nahe beieinander und führen Sie so eine beidhändige F-8 aus.

Kombinationen:
180-Windmill, Shoulder Wrap, Arm Wrap, Leg Wrap
Laufrichtung des Seils:
vorwärts, rückwärts

TRAININGSTIPP:

Lassen Sie das Seil 4- bis 5-mal auf jeder Seite drehen. Wechseln Sie dann immer früher von einer Seite auf die andere, bis sich das Seil nur noch einmal pro Seite dreht.

Zehen heben

Fersen heben

Samurai Whirl

TRAININGSTIPP:

Üben Sie zuerst ein Back Windmill: die Hand über den Kopf oder die Schulter heben und das Seil parallel zu ihrem Rücken kreisen lassen. Wenn das klappt, üben Sie den Wechsel von einer Front Windmill zu einer Back Windmill und zurück. Machen Sie dann in jeder Position immer weniger Seilumdrehungen, bis Sie jeweils schon nach einer Drehung wechseln können.

Der Samurai Whirl ist wie eine F-8, aber das Seil dreht nicht links und rechts vom Körper, sondern vorn und hinten.
Ausgangstechnik ist eine Front Windmill. Wenn das Seil sich nach oben bewegt, bringen Sie die Hand über Ihren Kopf, so dass das Seil hinter Ihrem Körper parallel zum Rücken nach unten schwingen kann. Kommt es wieder hoch, führen Sie es wieder nach vorn.

Einsatz:
Warm-up, Workout, Cool-down
Belastung:
schwach
Trainingseffekt:
Sie trainieren die Beweglichkeit im Schultergelenk und die Seilführung.

VARIANTEN:
Beintechnik:
Kniebeuge (mit Fersen heben), Side to Side, March
Armtechnik:
ein- oder beidhändig über dem Kopf oder der Schulter

Kombinationen:
Front Windmill, F-8, Leg Wrap
Laufrichtung des Seils:
mit dem oder gegen den Uhrzeigersinn

Kniebeuge mit Fersen heben

Front Exchange

Während eines F-8 wechseln Sie die Griffe von einer Hand in die andere. Dies geschieht in dem Moment, in dem das Seil vor Ihrem Körper auf die andere Seite wechselt.

Einsatz:
Warm-up, Workout, Cool-down
Belastung:
schwach
Trainingseffekt:
Sie üben Timing; beim Wechseln hinter dem Rücken (Back Exchange) wird die Beweglichkeit im Schultergelenk trainiert (gute Vorbereitung für den Back Cross).

VARIANTEN:
Beintechnik:
Walk, March, Knie hoch
Armtechnik:
Der Wechsel kann auch hinter dem Rücken ausgeführt werden. *(Back Exchange)*

Kombinationen:
Arm Wrap, Leg Over Pass, Shoulder Wrap, 180-Windmill
Laufrichtung des Seils:
vorwärts, rückwärts

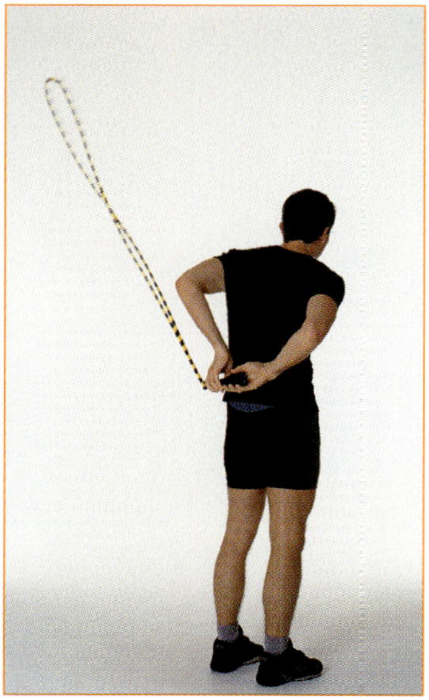

Back Exchange

Leg Over Pass

TRAININGSTIPP:

Wechseln Sie die Griffe unter dem Bein, ohne dass das Seil sich dabei dreht.
Heben Sie das Bein an und gehen Sie nicht mit dem Oberkörper nach vorn. Halten Sie den Rücken möglichst gerade.

Der Leg Over Pass ist ein Front Exchange unter Ihrem hochgehobenen Bein durch.

Einsatz:
Warm-up, Workout
Belastung:
mäßig
Trainingseffekt:
Sie trainieren die Beweglichkeit im Hüftgelenk, Timing, den Gleichgewichtssinn.

VARIANTEN:

Beintechnik:
Wenn Sie das Seil in der rechten Hand halten, können Sie unter dem linken (Grafik 1) oder auch unter dem rechten Bein (Grafik 2) wechseln. Einmal kommt das Seil von der Innenseite des Oberschenkels einmal außen.
Der Leg Over Pass kann auch im Sprung ausgeführt werden (Jumping-Technik).

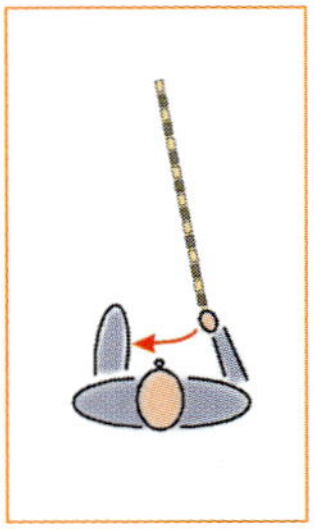

1

2

Kombinationen:
F-8, Shoulder Wrap, Arm Wrap
Laufrichtung des Seils:
vorwärts, rückwärts

Overhead Windmill

Overhead Windmill beidhändig

Aus einer Front Windmill führen Sie in 4 bis 5 Seilumdrehungen die Hand mit dem schwingenden Seil über Ihren Kopf. Das Seil bewegt sich nun horizontal.

Einsatz:
Warm-up, Workout
Belastung:
schwach
Trainingseffekt:
Sie üben horizontale Seilführung.

VARIANTEN:
Beintechnik:
Körperdrehung um 180° und 360 Grad nach links oder rechts, Knie hoch, Kniebeuge, Walk
Armtechnik:
ein- und beidhändig

Kombinationen:
Front Windmill, Samurai Whirl, Waist Wrap, Step Through
Laufrichtung des Seils:
mit dem und gegen den Uhrzeigersinn

TRAININGSTIPP:

Wenn Sie die Technik beidhändig ausführen, drehen Sie das Seil gut aus den Handgelenken, damit sich das Seil nicht in sich selbst verdreht.

Hitch Kick

TRAININGSTIPP:

Zunächst müssen Sie sich klar darüber sein, in welche Richtung das Seil dreht, und das richtige Bein zuerst hochnehmen. Die Laufrichtung des Seils bestimmt, welches Bein Sie zuerst heben müssen. Dreht das Seil gegen den Uhrzeigersinn (Grafik 1), zuerst das linke Bein, dreht es mit dem Uhrzeigersinn (Grafik 2), zuerst das rechte Bein.

Sie nehmen die Hand aus einer einhändigen Overhead Windmill nach unten, so dass Sie zuerst mit einem Bein und dann mit dem anderen über das horizontal schwingende Seil steigen können.

Einsatz:
Warm-up, Workout
Belastung:
mäßig
Trainingseffekt:
Sie üben Timing, Beweglichkeit im Hüftgelenk, den Gleichgewichtssinn.

VARIANTEN:
Beintechnik:
Wenn man die Technik schnell ausführt, kann man springen.
Armtechnik:
ein- oder beidhändig

Kombinationen:
Overhead Windmill, Waist Wrap, Step Through
Laufrichtung des Seils:
mit dem oder gegen den Uhrzeigersinn

Einstieg

Ausstieg

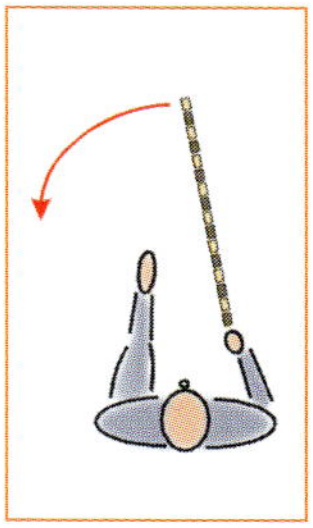

1

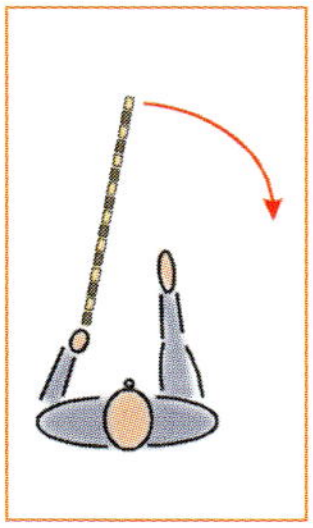

2

Waist Wrap

Aus einer beidhändigen Overhead Windmill senken Sie eine Hand zur Hüfte, die andere bleibt über dem Kopf. Das Seil wird sich um Ihre Hüfte oder den Bauch wickeln. Durch die Hand über dem Kopf wird das Seil in Bewegung gehalten. In die andere Richtung abwickeln und gleich wieder einen Waist Wrap ausführen oder zurück zu einer Overhead Windmill.

Einsatz:
Warm-up, Workout
Belastung:
schwach
Trainingseffekt:
Sie üben Timing und Beweglichkeit im Hüftgelenk.

VARIANTEN:
Beintechnik:
Sie können sich dazu um die eigene Körperachse drehen, mit der Laufrichtung des Seils oder dagegen, um 180 oder um 360 Grad.
Armtechnik:
Die Hand, die nach unten geht, kann vorn auf der Hüfte sein oder hinter dem Rücken.

Laufrichtung des Seils:
mit dem oder gegen den Uhrzeigersinn

TRAININGSTIPP:

Achten Sie auf Ihre Hände! Eine Hand bleibt über dem Kopf, die andere geht zur Hüfte. Wohin sich Ihre Hand senkt, dort wird sich das Seil aufwickeln. Geht sie nur bis auf Halshöhe, wird sich das Seil um Ihren Hals wickeln.

Step Through

TRAININGSTIPP:

Üben Sie zuerst den Hitch Kick, achten Sie darauf, dass die eine Hand auf Kopfhöhe bleibt und die andere zwischen die Oberschenkel geht und nicht an die Außenseite des Oberschenkels.

Aus einer Overhead Windmill nehmen Sie eine Hand nach unten. Dabei heben Sie ein Bein hoch und gehen mit der Hand unter das Bein. Sie können jetzt durch das Seil steigen. Eigentlich genau wie beim Hitch Kick, nur dass Sie durch das Seil steigen.

Einsatz:
Warm-up, Workout
Belastung:
mäßig
Trainingseffekt:
Sie üben Timing, den Gleichgewichtssinn und Beweglichkeit im Hüftgelenk.

VARIANTEN:
Beintechnik:
Körperdrehungen um 180 und um 360 Grad

Kombinationen:
Waist Wrap, Overhead Windmill
Laufrichtung des Seils:
mit dem oder gegen den Uhrzeigersinn

Einstieg

Ausstieg

Arm Wrap (einhändig)

Aufwickeln

Abwickeln

Sie führen eine einhändige F-8 aus und halten den freien Arm vom Körper weg. Das Seil wickelt sich um den Unterarm. Wenn Sie es jetzt auf der gleichen Seite wieder abwickeln, läuft es rückwärts. Damit es wieder vorwärts dreht, müssen Sie den umwickelten Arm über Ihre Brust kreuzen (wie eine Cross Windmill) und das Seil auf der anderen Seite abwickeln.

Einsatz:
Warm-up, Workout, Cool-down
Belastung:
schwach
Trainingseffekt:
Schnell ausgeführt dient die Technik zur Kräftigung der Arm- und Schultermuskulatur und trainiert die Beweglichkeit der Wirbelsäule.

VARIANTEN:
Beintechnik:
March, Walk, Knie hoch, Leg over Pass, 180-Windmill

Laufrichtung des Seils:
vorwärts, rückwärts

TRAININGSTIPP:

Achten Sie darauf, dass sich das Seil möglichst nahe bei Ihrem Handgelenk aufwickelt und nicht auf dem Oberarm.

Arm Wrap (beidhändig)

TRAININGSTIPP:

Sie können auch eine beidhändige Side Windmill machen und dann den Arm ausstrecken, auf dessen Seite das Seil schwingt.

Während einer beidhändigen F-8 (je ein Griff in einer Hand) strecken Sie die Hand vom Körper weg, auf deren Seite das Seil dreht. Es wickelt sich um Ihren Arm (nahe beim Handgelenk). Nach 2 bis 3 Umwicklungen kreuzen Sie den umwickelten Arm über Ihre Brust. So wickelt sich das Seil wieder ab.

Einsatz:
Warm-up, Workout, Cool-down
Belastung:
schwach
Trainingseffekt:
Schnell ausgeführt dient die Technik zur Kräftigung der Arm- und Schultermuskulatur und trainiert die Beweglichkeit der Wirbelsäule.

VARIANTEN:
Beintechnik:
March, Walk, Knie hoch

Kombinationen:
Step Through, Jog Step, Two Foot Jump, Körperdrehungen um 180 oder um 360 Grad
Laufrichtung des Seils:
vorwärts, rückwärts

Aufwickeln

Abwickeln

Leg Wrap

Sie führen eine Side Windmill aus, dann heben Sie das Bein seitlich hoch, auf dessen Seite das Seil dreht. Es wickelt sich um das Bein. Das Seil einfach wieder »abziehen«, das Seil schwing jetzt in die andere Richtung.

Einsatz:
Warm-up, Workout, Cool-down
Belastung:
schwach
Trainingseffekt:
Sie üben, das Gleichgewicht zu halten.

VARIANTEN:
Beintechnik:
Bei einer Front Windmill das Bein nach vorn hochheben.

Kombinationen:
F-8, Shoulder Wrap, Samurai Whirl
Laufrichtung des Seils:
Side Windmill: vorwärts, rückwärts
Front Windmill: mit dem oder gegen den Uhrzeigersinn

TRAININGSTIPP:

Das Seil nicht kräftig oder ruckartig lösen.

Shoulder Wrap

TRAININGSTIPP:

Wenn das Seil vorwärts dreht, ist der Unterarm parallel zum Fußboden nach innen gebeugt. (Grafik 1) Machen Sie einen Shoulder Wrap, wenn das Seil rückwärts schwingt, so ist der Unterarm aufgerichtet. (Grafik 2)

Die Grundtechnik ist eine Side Windmill. Sie halten den Oberarm waagerecht seitlich vom Körper weg. Der Unterarm ist nach innen gebeugt, so dass sich das Seil um den Oberarm wickeln würde. Sie stoppen aber mit der freien Hand das Seil und geben ihm einen Schwung in die Gegenrichtung.

Einsatz:
Warm-up, Workout, Cool-down
Belastung:
schwach
Trainingseffekt:
Sie üben die Seilführung und kräftigen die Schultermuskulatur.

VARIANTEN:
Beintechnik:
March, Walk, Zehen und Fersen heben

Kombinationen:
Leg Over Pass, 180-Windmill, Leg Wrap
Laufrichtung des Seils:
vorwärts, rückwärts

Vorwärts

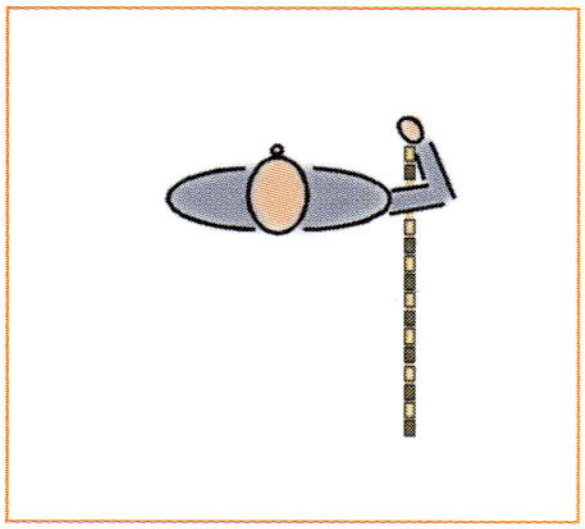

1

2

Rückwärts

Fly Fishing

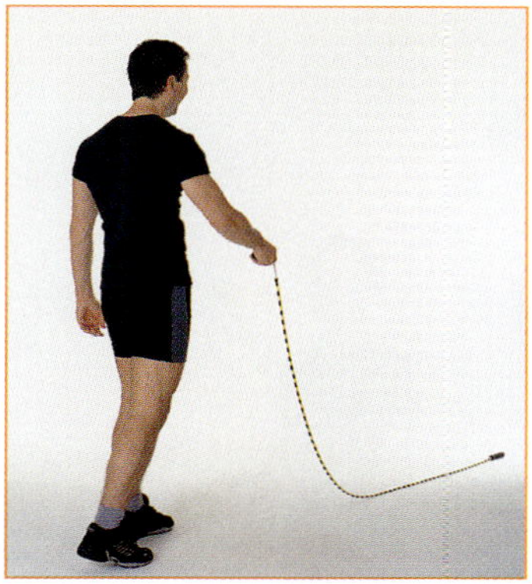

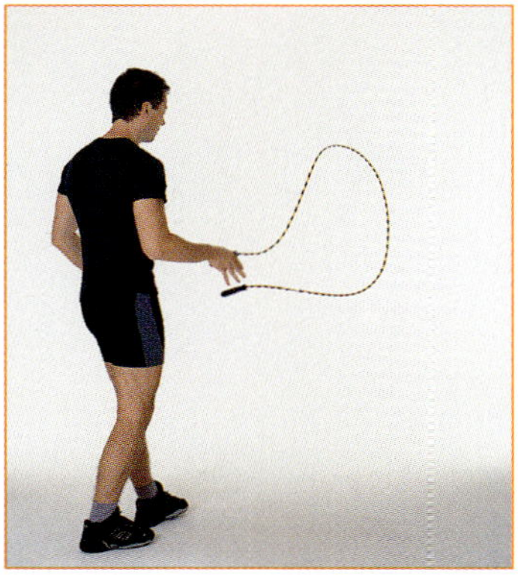

Manchmal kommt es vor, dass man einen Griff aus der Hand verliert. Wenn Ihnen das passiert, gehen Sie einen Schritt zurück, so dass das Seil gespannt ist. Dann ziehen Sie es mit einem gefühlvollen Ruck nach hinten/oben, so dass der Griff in Ihre Hand »fliegt«.

Einsatz:
Warm-up, Workout, Cool-down
Belastung:
schwach
Trainingseffekt:
Sie trainieren die optische Wahrnehmung.

VARIANTEN:

Armtechnik:
Sie können den Criff mit der freien Hand fangen und gleich über das Seil springen.

Laufrichtung des Seils:
Wenn der Griff hinter Ihnen liegt, ziehen Sie ihn zu erst nach vorn und gleich wieder zurück.

TRAININGSTIPP:

Denken Sie daran: Je kräftiger Sie ziehen, desto schneller kommt der Griff zurück. Achten Sie darauf, dass keine Personen oder zerbrechliche Gegenstände hinter Ihnen sind!

Side Windmill Toss

TRAININGSTIPP:

Beim Loslassen sollte das Seil nicht verwickelt sein. Achten Sie darauf, dass Sie freie »Flugbahn« haben!

Aus einer Side Windmill rückwärts werfen sie einen Griff nach vorn weg. Halten Sie dazu den Zeigefinger zwischen den Griffen. Beim Wegwerfen geht der Arm etwas nach vorn, um die Flugbahn nach vorn zu betonen. Werfen Sie, wenn das Seil von hinten an Ihren Beinen vorbei ist und sich nach oben bewegt. Den Griff zwischen Daumen und Zeigefinger loslassen und dann wieder fangen.

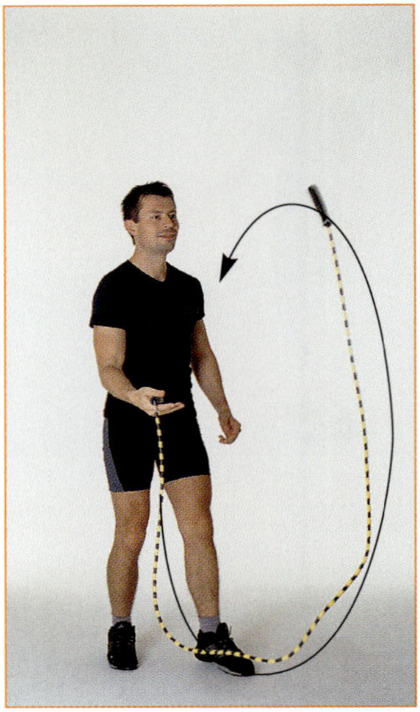

Einsatz:
Warm-up, Workout, Cool-down
Belastung:
schwach
Trainingseffekt:
Sie üben die optische Wahrnehmung und die Reaktionsfähigkeit.

VARIANTEN:
Armtechnik:
Den Griff mit der freien Hand fangen und gleich über das Seil springen.

Kombinationen:
F-8, 180-Windmill, Shoulder Wrap
Laufrichtung des Seils:
rückwärts

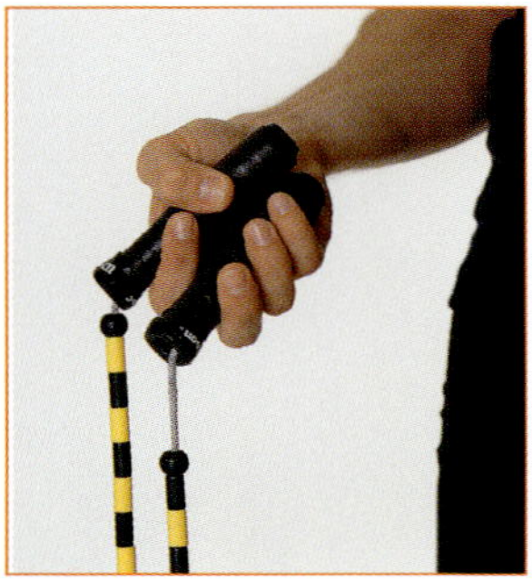

Griffhaltung

Leg Over Side Swing

Einfädeln

Sie führen eine beidhändige F-8 aus. Wenn das Seil zum Beispiel von links nach rechts wechselt, heben Sie das rechte Bein und gehen mit dem linken Arm unter das rechte Bein. Das Seil schwingt einmal auf der rechten Seite. Während es wieder nach unten schwingt, müssen Sie es über das Bein heraus auf die andere Seite führen.

Einsatz:
Warm-up, Workout
Belastung:
mäßig
Trainingseffekt:
Sie üben, das Gleichgewicht zu halten, und trainieren die Beweglichkeit des Hüftgelenks.

VARIANTEN:
Beintechnik:
Sie können das Bein oben halten, so dass Sie mehrere Leg Over Side Swings direkt nacheinander ausführen können.

Kombinationen:
Arm Wrap, Step Through
Laufrichtung des Seils:
vorwärts, rückwärts

TRAININGSTIPP:

Den Ablauf können Sie zuerst ohne Seil üben. Er ist wie bei einer F-8, es kommt nur dieses »Ein- und Ausfädeln« dazu.

180-Windmill

TRAININGSTIPP:

Führen Sie zuerst eine Side Windmill rechts aus, wechseln Sie dann zu einer Cross Windmill. (Grafik 1) Drehen Sie das Seil nun auf Ihrer linken Seite mit dem rechten Arm und machen eine Drehung um 180 Grad nach links. (Grafik 2) Machen Sie jetzt eine Side Windmill rückwärts. Nun wechseln Sie zu einer Cross Windmill rückwärts. (Grafik 3) Drehen Sie sich dann um 180 Grad, (Grafik 4) und Sie stehen wieder in Ihrer Ausgangsposition

Führen Sie mit der rechten Hand eine F-8 aus. Wenn das Seil auf Ihrer linken Seite nach unten geht, drehen Sie sich um 180 Grad nach links. Sie machen nun eine F-8 rückwärts. Wenn das Seil auf Ihrer linken Seite nach oben geht, drehen Sie wieder um 180 Grad nach links. Nun sollten Sie genau so dastehen wie am Anfang und das Seil schwingt immer noch vorwärts.

Einsatz:
Warm-up, Workout, Cool-down
Belastung:
schwach
Trainingseffekt:
Sie trainieren den Orientierungssinn.

VARIANTEN:
Beintechnik:
nach links oder rechts drehen
Armtechnik:
Sie können das Seil ein- oder beidhändig führen. (Die beidhändige Version wird bei den Jumping-Techniken noch weiterentwickelt.)

Von vorwärts auf rückwärts

Von rückwärts auf vorwärts

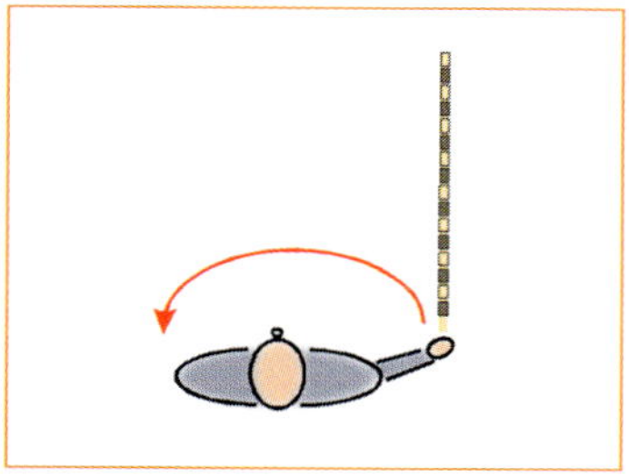

1

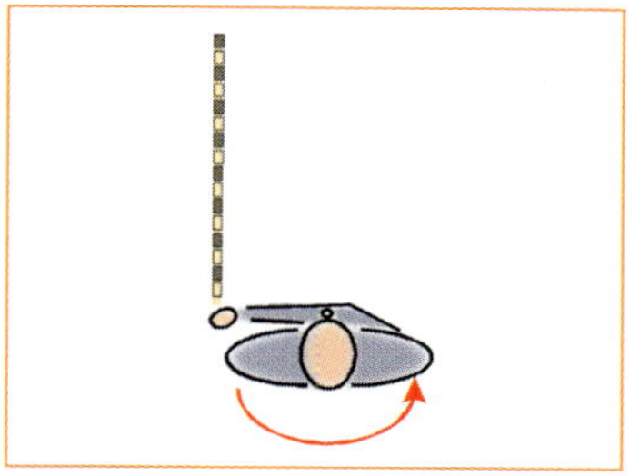

2

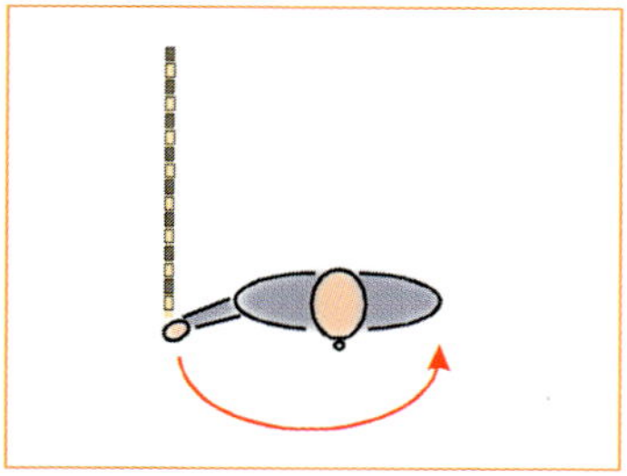

3

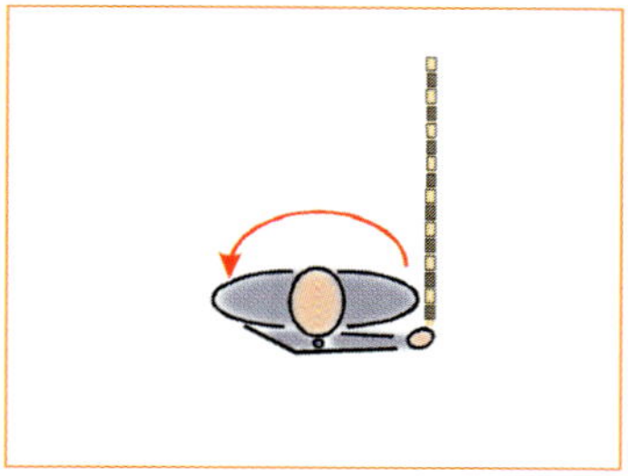

4

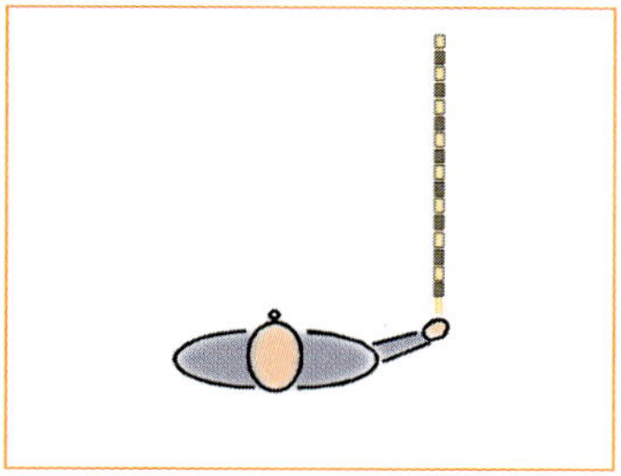

5

und führen eine Side Windmill vorwärts aus. (Grafik 5)

Vermindern Sie nun die Seilumdrehungen in den einzelnen Positionen. Das geht soweit, dass Sie sich während einer einzigen Seilumdrehung um 360 Grad drehen können: **360-Windmill.**

Wichtig: Verändern Sie die Laufrichtung des Seils nicht. Zu Ihrer Körperposition dreht es einmal vorwärts und dann rückwärts. Im Raum aber dreht es immer in die gleiche Richtung.

Jumping-Techniken

Sprunghaltung
Für ein gesundes Springen ist die richtige Haltung wichtig. Wenn Sie mit dem Springseil-Training beginnen, achten Sie vor allem darauf, dass Sie sich gerade halten und locker springen.

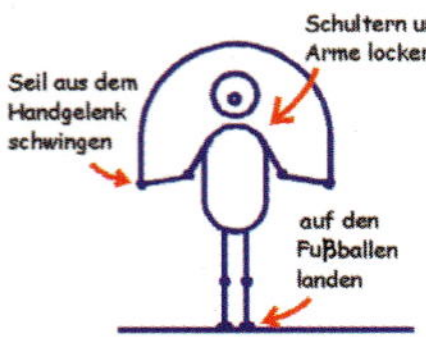

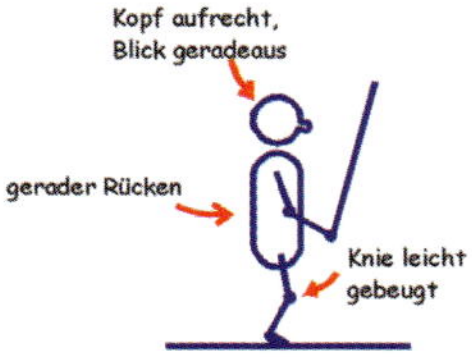

Der Kopf ist aufgerichtet. Einsteiger blicken oft nach unten auf die Füße, in der Meinung, sie könnten so die Technik besser kontrollieren. Aber mit Sehen sind Sie sowieso immer zu spät. Darum: Kopf hoch und den Blick geradeaus! Dies führt zu einer aufrechten, gesunden Rückenhaltung.
Halten Sie die Schultern entspannt nach hinten/unten, richten Sie das Brustbein auf: Brust raus!
Die Oberarme liegen entspannt an den Körperseiten. Die Unterarme sind seitlich angewinkelt und zeigen leicht nach unten.
Das Seil wird aus den Handgelenken und dem Unterarm geschwungen.

Das Becken ist aufgerichtet. Kein Hohlkreuz oder Rundrücken! Die Knie sind immer leicht gebeugt, gehen Sie aber nicht in die Hocke. Machen Sie keine Sprünge mit einem Kniewinkel von unter 90 Grad!
Landen Sie auf den Fußballen. Nach der Landung kann der Fuß von den Fußballen zur Ferse abgerollt werden. Nie auf dem ganzen Fuß landen!
Springen Sie nur so hoch wie nötig.

Rückwärts springen
Die Körperhaltung ist genau gleich wie beim Vorwärtsspringen. Achten Sie aber darauf, dass die Hände auf Bauchhöhen bleiben, möglichst auf einer Linie mit dem Körper. Wenn es beim Rückwärtsspringen Hänger gibt, so sind meistens die Hände zu hoch und/oder zu weit vor dem Körper.
Zum besseren Verständnis der Sprünge werden folgende Darstellungen verwendet:

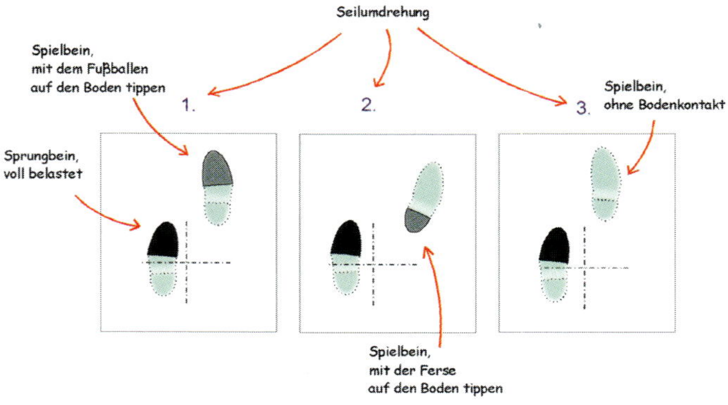

Figure-8 Entrance

Öffnen

Einspringen

Mit der Figure-8 Entrance fangen wir an zu springen. Führen Sie eine beidhändige (je ein Griff in einer Hand) F-8 aus. Wenn das Seil vor Ihrem Körper nach unten kommt, öffnen Sie die Arme und springen über das Seil.

Einsatz:
Warm-up, Workout
Belastung:
mäßig
Trainingseffekt:
Sie üben Timing.

VARIANTEN:
Beintechnik:
Vor und nach dem Einspringen können die meisten Techniken ausgeführt werden.
Armtechnik:
Sie können auch mit gekreuzten Armen einspringen.

Laufrichtung des Seils:
vorwärts, rückwärts

TRAININGSTIPP:

Zuerst nicht springen, das Seil nur öffnen, so dass es zwischen Schuhe und Fußboden einhängt. Sobald das klappt, springen Sie über das Seil.

Two Foot Jump

Bei jedem Sprung landen und springen Sie mit beiden Füßen gleichzeitig.

Einsatz:
Workout, Warm-up
Belastung:
mäßig
Trainingseffekt:
Sie trainieren Ausdauer und Sprungkraft.

VARIANTEN:
Armtechnik:
Cross, Side Swing, Back Cross

Kombinationsmöglichkeiten:
Arm Wrap, 180, Side Swing
Laufrichtung des Seils:
vorwärts, rückwärts

TRAININGSTIPP:

Bei Anfängern kommt es vor, dass sie unbewusst zwischen einer Seilumdrehung zweimal springen (Double Bounce). Das ist nicht grundsätzlich falsch oder ungesund, aber es kann bei den weiteren Sprungtechniken stören. Üben Sie, bis Sie pro Seilumdrehung einmal springen. Man kann den Double Bounce natürlich auch ganz gezielt ausführen. Er eignet sich gut für langsame Seilbewegungen.

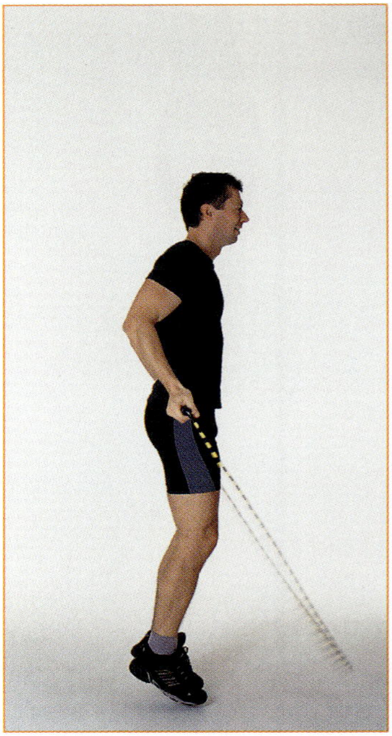

Two Foot Jump

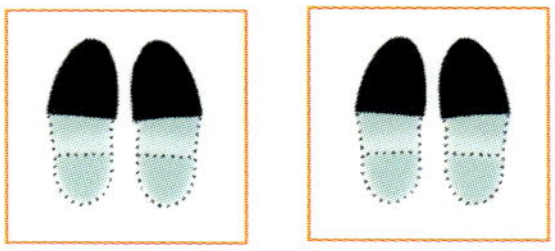

1 2

Double Bounce

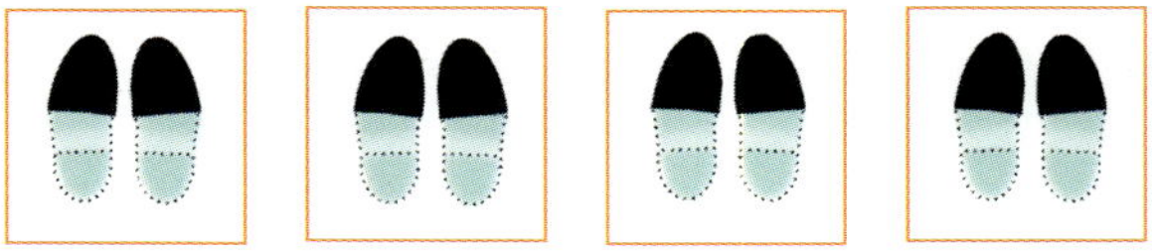

1 2

Jog Step

Sie springen abwechselnd von einem Bein auf das andere, so als würden Sie auf der Stelle laufen. Dazu heben sie das Knie an, gehen Sie nicht mit der Ferse hinten hoch.

Einsatz:
Workout, Warm-up

Belastung: mäßig
Der Jog Step ist die Sprungtechnik mit dem geringsten Sauerstoffverbrauch, also mit der geringsten Intensität – nicht etwa der Two Foot Jump.

Trainingseffekt:
Sie trainieren Ausdauer und Rhythmusgefühl.

VARIANTEN:

Beintechnik:
Bewegen Sie sich vorwärts, rückwärts und seitwärts, (Walk) oder drehen Sie sich langsam um 360 Grad nach links oder rechts.
Boxer: So nennt man einen Rhythmus, bei dem man zweimal mit dem linken Bein, zweimal mit dem rechten springt.

Armtechnik:
Cross, Side Swing, Back Cross

Kombinationen:
beidhändige F-8, Arm Wrap, Kick Step, Knee up

Laufrichtung des Seils:
vorwärts, rückwärts

TRAININGSTIPP:

Wie auch beim Two Foot Jump kommt es am Anfang vor, dass man bei jeder Seilumdrehung zweimal springt. Fangen Sie ganz langsam an und steigern Sie die Geschwindigkeit erst, wenn Sie den richtigen Rhythmus haben: rechts – Seil – links – Seil … Während des Jog Steps kann man den Fuß zur Entlastung immer wieder auf die Ferse abrollen.

Jog Step

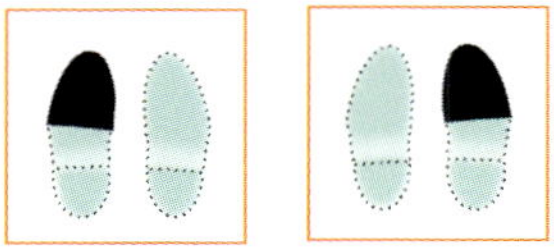

1 2

Jog Step mit Zwischenschritt

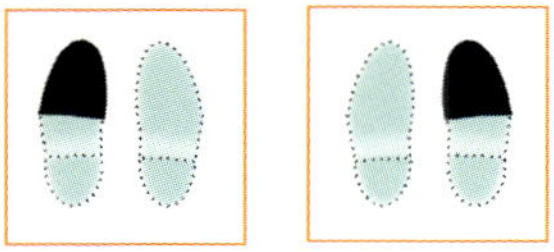

1

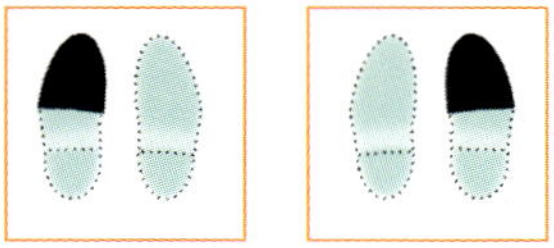

2

Boxer

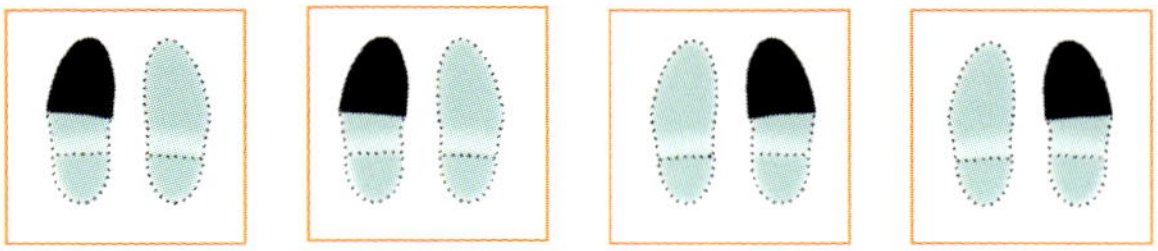

1 2

Speed

TRAININGSTIPP:

Springen Sie im Jog Step, und steigern Sie die Geschwindigkeit langsam. Achten Sie darauf, dass Sie mit steigender Geschwindigkeit immer noch entspannt bleiben. Locker bleiben trotz hoher Geschwindigkeit, das ist das Erfolgsgeheimnis! Üben Sie Speed nicht in ermüdetem Zustand, sonst trainieren Sie sich falsche Bewegungsmuster an.

Wechseln Sie die Zeitdauer ab: von 10 bis 60 Sekunden.

Natürlich können Sie jede Technik mit höchster Geschwindigkeit ausführen. Bei Meisterschaften ist die dabei vorgegebene Technik der Jog Step. Er ist dafür auch am besten geeignet. Meist nimmt man dabei eine leicht vorgebeugte Haltung ein, die Arme sind eng am Körper. Ab einer gewissen Geschwindigkeit springt man nicht mehr hoch, sondern wechselt das Gewicht von einem Bein auf das andere. Man springt nicht mehr auf und ab, der Kopf bleibt immer auf derselben Höhe. Probieren Sie verschieden Haltungen aus, bis Sie die richtige für sich gefunden haben. Das Gleiche gilt für die Seillänge, diese ist mindestens 10 % geringer als normal.

Einsatz:
Workout (Intervall)
Belastung:
sehr stark
Trainingseffekt:
Sie trainieren Schnelligkeit und die anaerobe Ausdauer.

Laufrichtung des Seils:
vorwärts, rückwärts

Running Step

Ausgangstechnik ist der Jog Step. Sie ziehen jetzt aber nicht die Knie leicht an, sondern die Fersen hinten hoch.

Einsatz:
Workout
Belastung:
mäßig
Trainingseffekt:
Sie trainieren die Ausdauer und die Beweglichkeit im Kniegelenk.

VARIANTEN:
Beintechnik:
Bewegen Sie sich vor- und rückwärts, oder drehen Sie sich um die Längsachse.
Armtechnik:
Cross, Side Swing, Arm Wrap

Kombinationen:
Knee up, Kick Step, Toe Tap
Laufrichtung des Seils:
vorwärts, rückwärts

TRAININGSTIPP:

Heben Sie am Anfang die Ferse nur leicht. Steigern Sie den Bewegungsumfang allmählich.

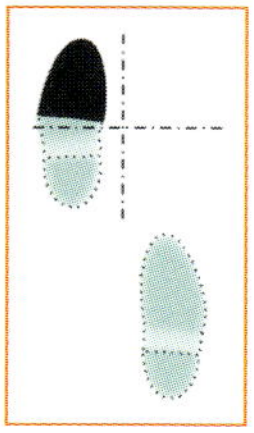

1

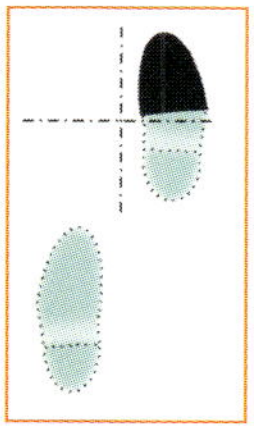

2

Foot Catch

TRAININGSTIPP:

Üben Sie zuerst ohne Seil. Die Arme nicht nach oben ziehen, sondern das Seil einfach laufen lassen, so als würden Sie weiter springen.

Sie springen im Jog Step oder Two Foot Jump. Wenn Sie über das Seil gesprungen sind, stellen Sie einen Fuß auf die Ferse und bleiben einfach stehen, bis das Seil einhängt.

Einsatz:
immer dann, wenn Sie stoppen möchten
Belastung:
schwach
Trainingseffekt:
Sie üben Timing.

VARIANTEN:
Beintechnik:
Wenn Sie rückwärts springen, stellen Sie den Fuß nach hinten auf die Fußballen.
Armtechnik:
Cross, Sie können auch mit gekreuzten Armen ein Foot Catch ausführen.

Laufrichtung des Seils:
vorwärts, rückwärts

Vorwärts

Rückwärts

vorwärts

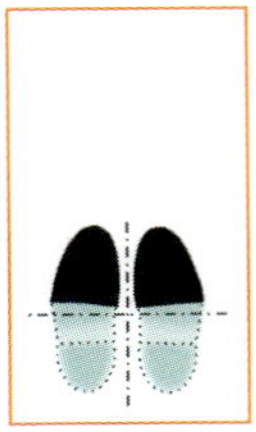
1

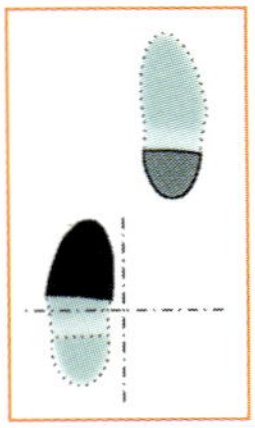
2

rückwärts

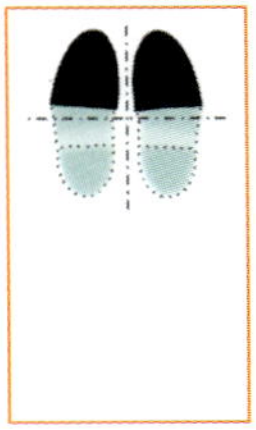
1

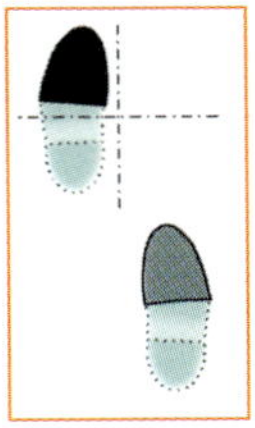
2

Slalom

Ausgangstechnik ist der Two Foot Jump. Für den Slalom springen Sie mit geschlossenen Beinen nach links und rechts zur Seite.

Einsatz:
Workout
Belastung:
mäßig
Trainingseffekt:
Sie trainieren die Sprungkraft und kräftigen die Oberschenkel und die Sprunggelenke.

VARIANTEN:
Armtechnik:
Cross, Side Swing
Beintechnik:
Bell: Sie springen mit geschlossenen Beinen nach vorn und hinten.

Kombinationen:
Straddle, Jumping Jack, Twister
Laufrichtung des Seils:
vorwärts, rückwärts

TRAININGSTIPP:

Stellen Sie sich eine Linie vor, oder markieren Sie eine auf dem Fußboden. Machen Sie am Anfang nur kleine Bewegungen und halten Sie die Knie gebeugt.

Slalom

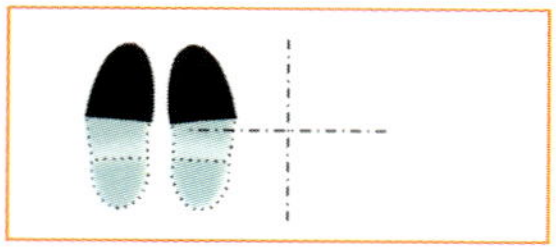

1

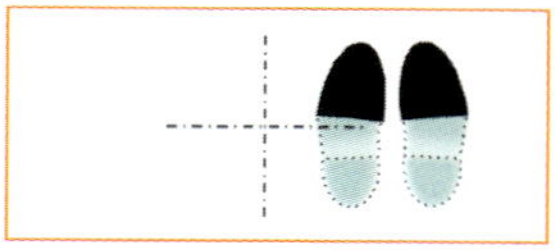

2

Bell

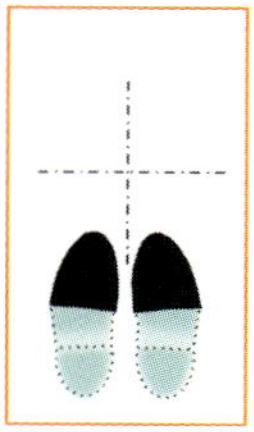

1

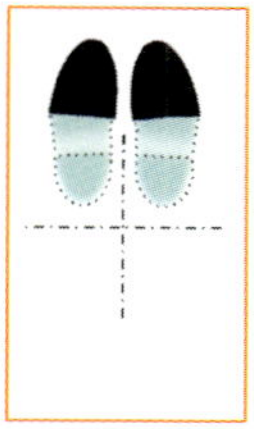

2

Twister

> **TRAININGSTIPP:**
>
> *Machen Sie am Anfang nur kleine Bewegungen. Drehen Sie nur das Becken, nicht den Oberkörper. Beugen Sie die Knie etwas mehr als üblich.*

Sie springen im Two Foot Jump, drehen nach dem Absprung die Beine aus der Hüfte nach links, springen hoch und drehen nach rechts.

Einsatz:
Workout
Belastung:
mäßig
Trainingseffekt:
Sie trainieren die Beweglichkeit der Lendenwirbelsäule und kräftigen die schräge, seitliche Bauchmuskulatur und die Oberschenkel.

VARIANTEN:
Beintechnik:
Half Twister: Auf jeden »Twist« folgt ein Two Foot Jump.
Armtechnik:
Cross, Side Swing

Kombinationen:
Slalom, Bell, Jumping Jack
Laufrichtung des Seils:
vorwärts, rückwärts

Twister

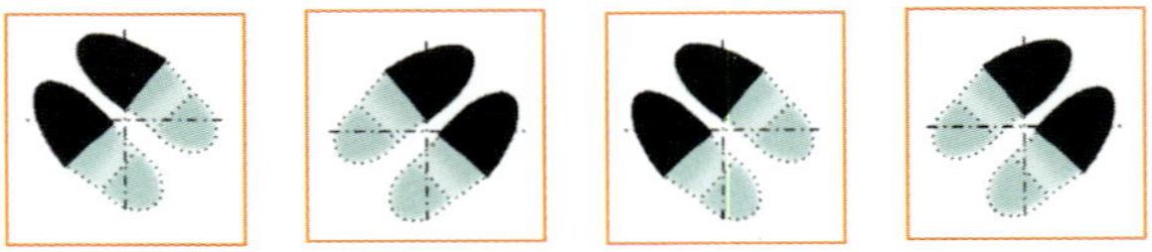

1 2 3 4

Half Twister

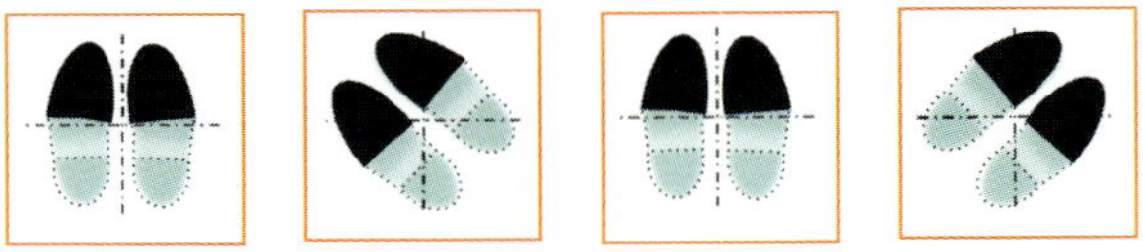

1 2 3 4

Jumping Jack

Sie beginnen mit dem Two Foot Jump. Beim Hochspringen öffnen Sie die Beine seitwärts und landen mit den geöffneten Beinen. Beim nächsten Sprung schließen sie die Beine wieder.

Einsatz: Workout
Belastung: mäßig
Trainingseffekt:
Sie kräftigen die Oberschenkel.

VARIANTEN:
Beintechnik:
Jumping Jack Click: Sie springen aus einem Jumping Jack hoch, schlagen die Füße zusammen, öffnen sie und landen wieder mit geöffneten Beinen.
Flying Jumping Jack: Aus einem Two Foot Jump springen Sie hoch, öffnen die Beine, schließen Sie und landen wieder mit geschlossenen Beinen.
Armtechnik:
Cross, Side Swing

Jumping Jack mit Cross

Kombinationen:
X-it, Scissors, Straddle
Laufrichtung des Seils:
vorwärts, rückwärts

TRAININGSTIPP:

Üben Sie zuerst ohne Seil. Beginnen Sie mit einem kleinen Bewegungsumfang. Die Füße sind leicht nach außen gerichtet, die Knie gut gebeugt und über den Füßen. Achtung: keine X-Bein-Stellung!

Jumping Jack

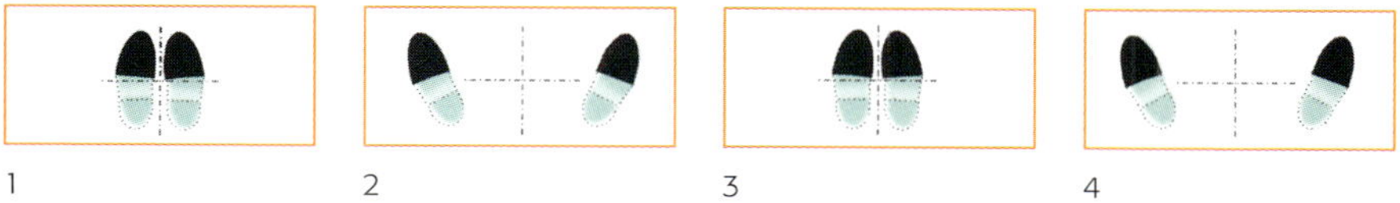

Jumping Jack Click

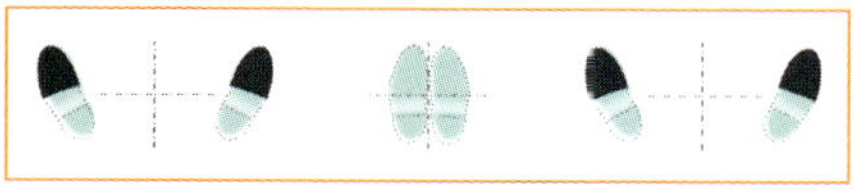

Flying Jumping Jack

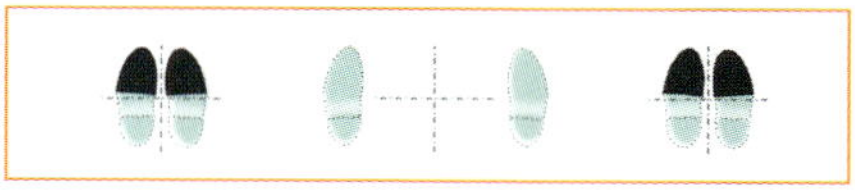

X-it

TRAININGSTIPP:

Üben Sie zuerst ohne Seil.

Nach dem Hochspringen aus dem Two Foot Jump kreuzen Sie die Beine übereinander und landen mit gekreuzten Beinen. Springen Sie hoch, öffnen Sie die Beine und landen im Two Foot Jump

Einsatz:
Workout
Belastung:
mäßig
Trainingseffekt:
Sie trainieren den Gleichgewichtssinn und kräftigen die Fußmuskulatur.

VARIANTEN:
Beintechnik:
Aus dem Jumping Jack springen Sie direkt in ein X-it.
Switch: Sie landen im X-it mit dem rechten Bein vorn, springen hoch und wechseln in der Luft zu einem X-it mit dem linken Bein vorn.
Armtechnik:
Cross, Side Swing

Kombinationen:
Straddle, Jumping Jack, Leg Swing
Laufrichtung des Seils:
vorwärts, rückwärts

X-it

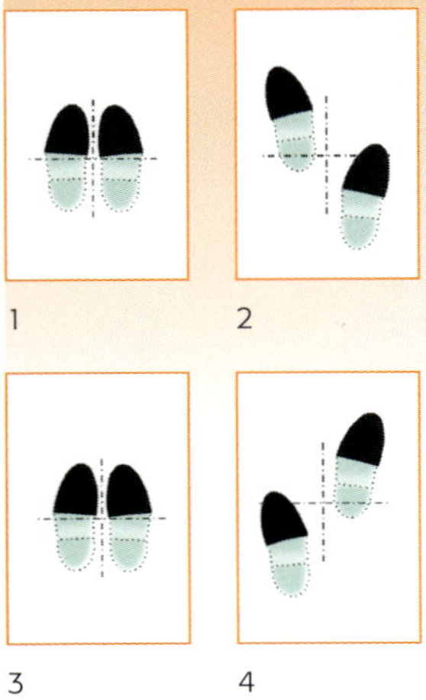

Switch

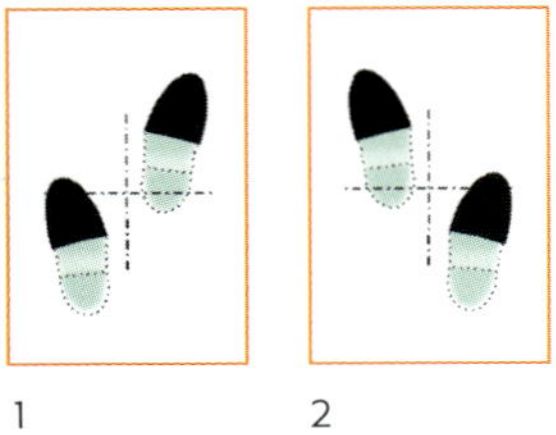

Jumping Jack + X-it

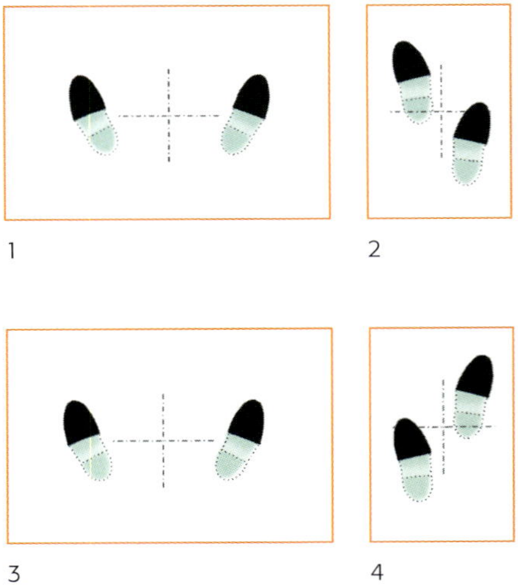

Scissors

Nach einem Two Foot Jump öffnen Sie die Beine nach vorn und hinten, springen hoch und gehen mit dem vorderen Bein nach hinten und umgekehrt.

Einsatz:
Workout
Belastung:
mäßig
Trainingseffekt:
Sie kräftigen die Beinmuskulatur und trainieren die Beweglichkeit im Hüftgelenk.

VARIANTEN:

Beintechnik:
Straddle: Machen Sie zwischen jedem Sprung immer einen Two Foot Jump.
Rocker: Bleiben sie nach dem Öffnen in der Schrittstellung und »schaukeln« Sie auf vorderem und hinterem Bein hin und her.
Armtechnik:
Cross, Side Swing

Kombinationen:
Jumping Jack, X-it, Twister
Laufrichtung des Seils:
vorwärts, rückwärts

TRAININGSTIPP:

Das hintere Bein nur auf dem Fußballen aufsetzen. Versuchen Sie nicht, die Ferse auf den Boden zu bringen!

Scissors

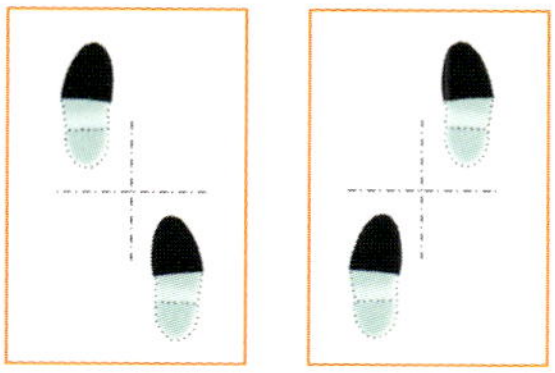

1 2

Rocker

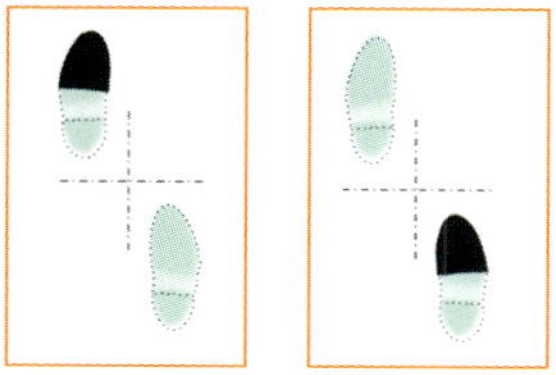

1 2

Straddle

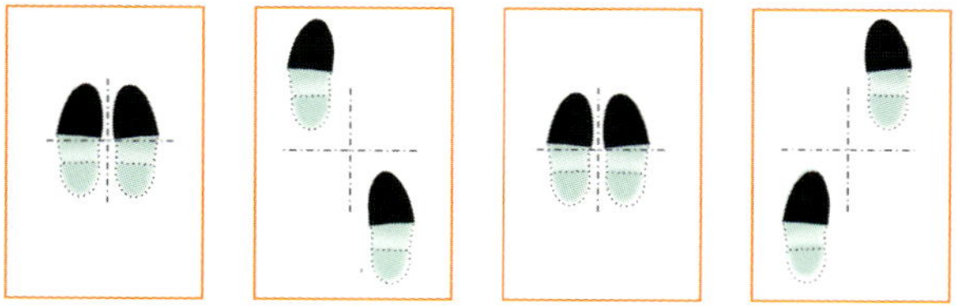

1 2 3 4

Toe Tap

TRAININGSTIPP:

Üben Sie zuerst ohne Seil. Beginnen Sie mit einem kleinen Bewegungsumfang.

Ausgangstechnik ist der Jog Step oder der Two Foot Jump. Mit dem Spielbein seitlich vom Sprungbein antippen und beim nächsten Sprung mit den Fußballen seitlich auf den Boden tippen.

Einsatz:
Workout
Belastung:
mäßig
Trainingseffekt:
Sie trainieren Ausdauer, Timing und den Gleichgewichtssinn.

VARIANTEN:

Beintechnik:
Sie können mit dem Spielbein auch nach vorn oder nach hinten gehen. Mit dem Toe Tap können Sie viele Kombinationen machen, probieren Sie es einfach aus.
Armtechnik:
Side Swing, Cross, Arm Wrap

Kombinationen:
Heel Tap, Kick Step, Knee up, Heel Click
Laufrichtung des Seils:
vorwärts, rückwärts

Toe Tap zur Seite

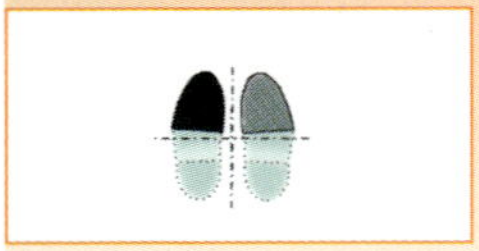

1

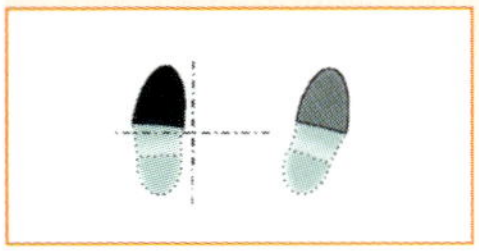

2

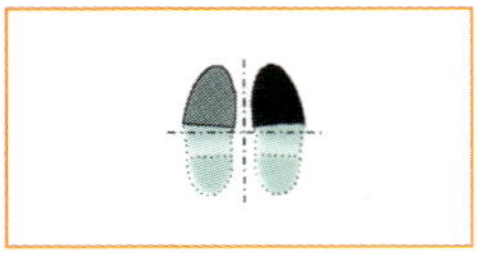

3

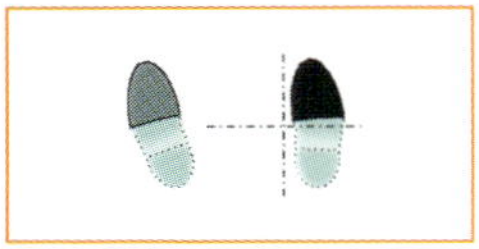

4

Toe Tap nach hinten

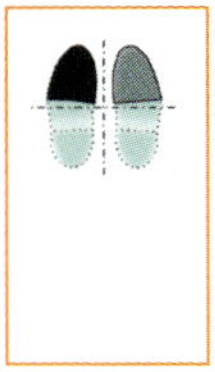

1

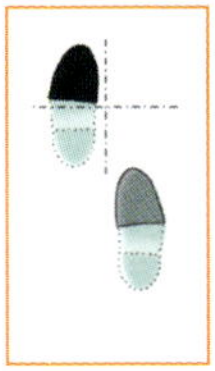

2

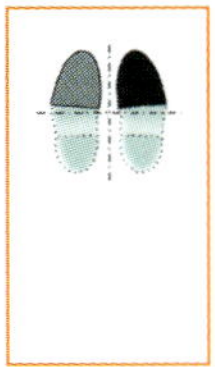

3

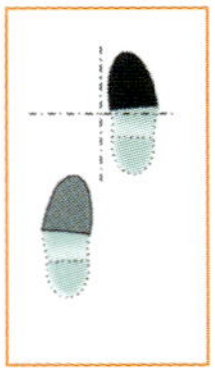

4

Toe Tap nach vorne

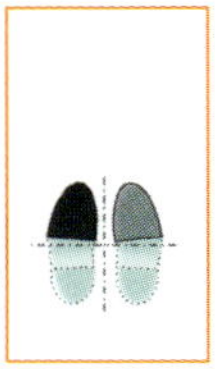

1

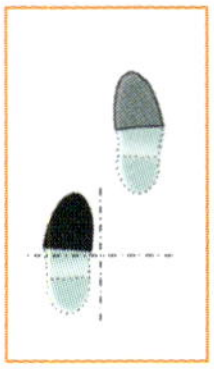

2

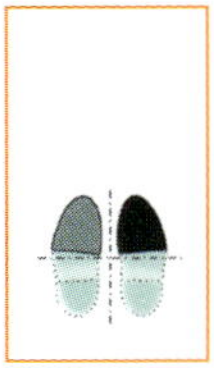

3

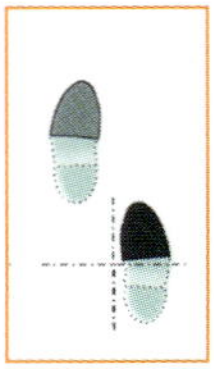

4

Heel Tap

Ausgangstechnik ist der Jog Step oder der Two Foot Jump. Mit dem Spielbein seitlich vom Sprungbein antippen und beim nächsten Sprung mit der Ferse seitlich oder nach vorn auf den Boden tippen.

Einsatz:
Workout
Belastung:
mäßig
Trainingseffekt:
Sie trainieren Ausdauer und Rhythmusgefühl.

VARIANTEN:
Beintechnik:
Sie können auch direkt, ohne seitliches Antippen, springen. Dieser direkte Heel Tap eignet sich für eine schnelle Ausführung.
Armtechnik:
Side Swing, Cross, Arm Wrap

Kombinationen:
Toe Tap, Kick Step, Knee up, Heel Click
Laufrichtung des Seils:
vorwärts, rückwärts

TRAININGSTIPP:

Üben Sie die Abläufe zuerst ohne Seil, um ein Gefühl für die Bewegung zu erhalten.

Heel Tap

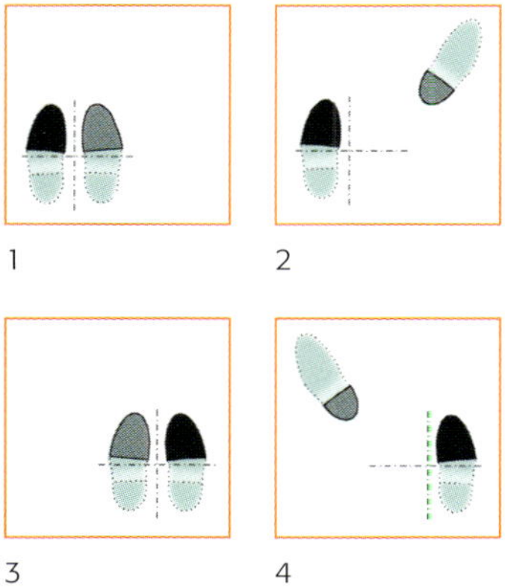

Heel Tap direkt

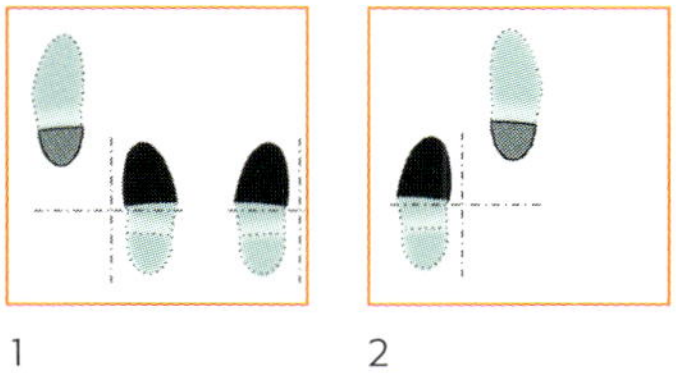

eine von vielen möglichen Heel-Toe-Tap-Kombinationen

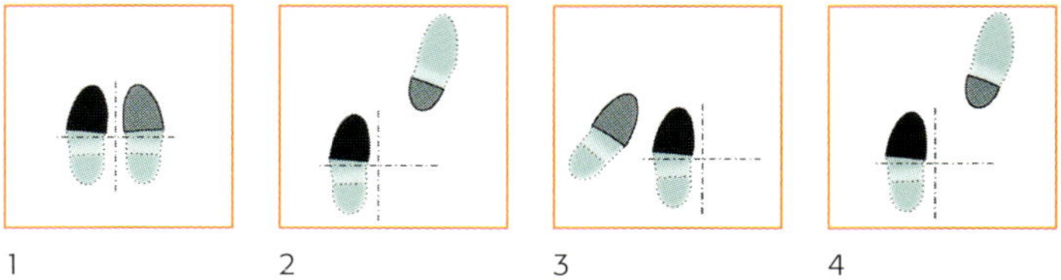

Knee up

TRAININGSTIPP:

Das Knie zu Beginn nur leicht anheben.

Sie springen im Jog Step. Tippen Sie mit dem Vorfuß des Spielbeins neben das Sprungbein. Beim Hochspringen ziehen Sie das Knie bis auf Hüfthöhe hoch.

Einsatz:
Workout
Belastung:
mäßig (High Step: stark)
Trainingseffekt:
Sie trainieren Ausdauer und Rhythmusgefühl.

VARIANTEN:
Beintechnik:
Cross Over: Es ist so, als würden Sie zweimal einen Knee up mit demselben Bein machen. Beim zweiten Mal tippen Sie nicht an der Innenseite des Sprungbeins auf, sondern an der Außenseite.
High Step: Ohne seitliches Antippen die Knie wechselseitig hochziehen. Der High Step eignet sich gut für ein Intervall-Training.
Armtechnik:
Cross, Side Swing, Arm Wrap

Kombinationen:
Kick Step, Toe Tap, Toad
Laufrichtung des Seils:
vorwärts, rückwärts

Knee up

Knee up

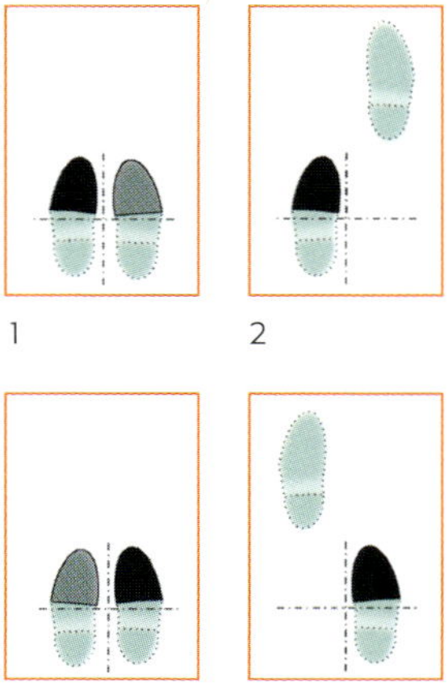

1 2

3 4

Cross over

Knee up + Cross

High Step

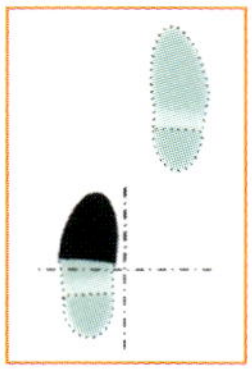

1

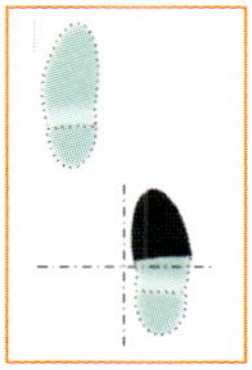

2

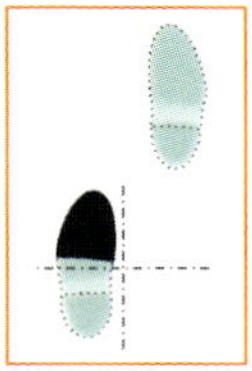

3

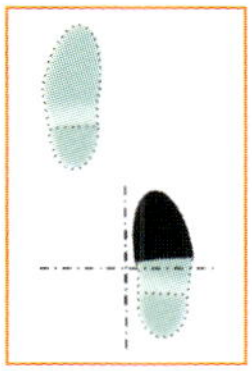

4

Cross Over

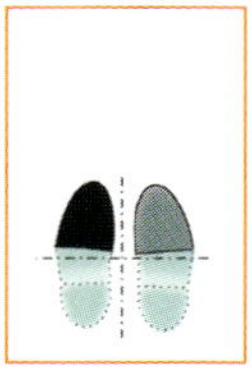

1

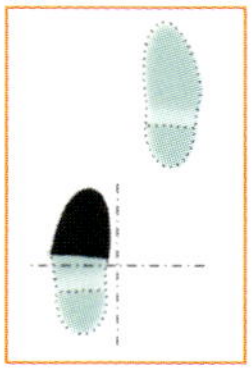

2

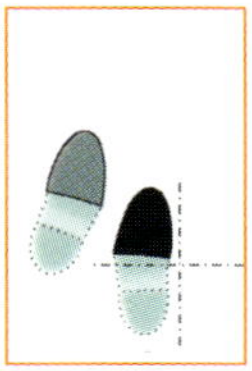

3

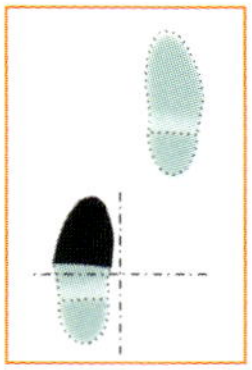

4

Kick Step

TRAININGSTIPP:

Beim Kicken das Knie nicht durchdrücken!

Wie der Knee up, aber Sie ziehen das Knie nicht hoch, sondern kicken mit dem Spielbein nach vorn.

Einsatz:
Workout
Belastung:
mäßig
Trainingseffekt:
Sie trainieren Ausdauer und Rhythmusgefühl.

VARIANTEN:

Beintechnik:
Brush Kick: Mit dem Spielbein nicht antippen, sondern die Ferse hinten hochnehmen und dann kicken.
Direkt ohne Antippen bei jedem Sprung das Spielbein wechseln.
Armtechnik:
Cross, Side Swing, Arm Wrap

Kombinationen:
Knee up, Leg Swing, Toe Tap, Heel Tap
Laufrichtung des Seils:
vorwärts, rückwärts

Brush Kick

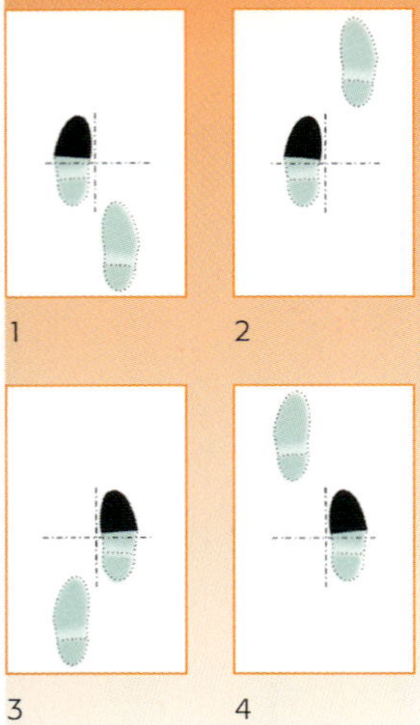

Kick Step

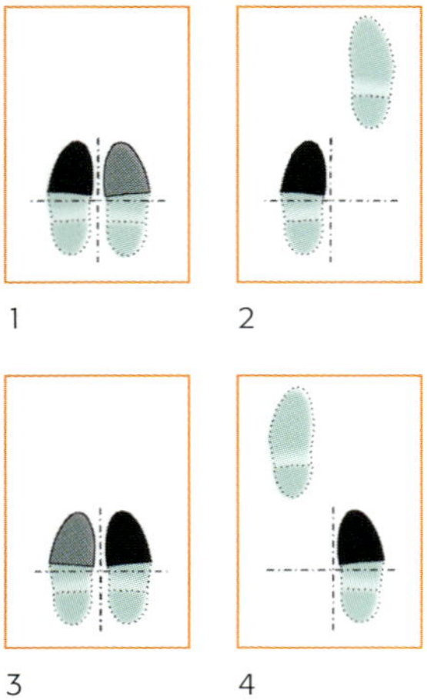

Kick Step direkt

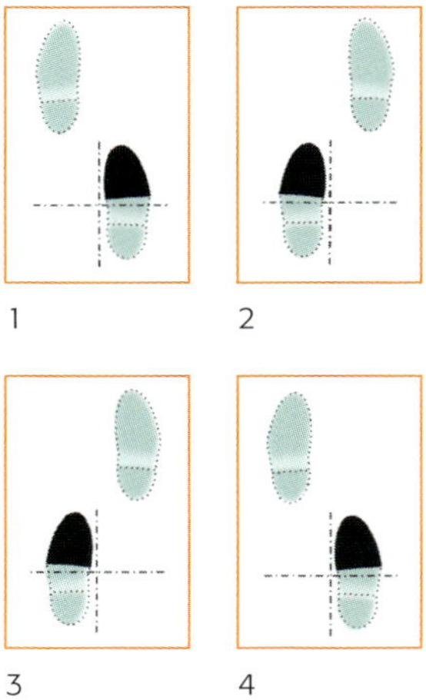

Leg Swing

Aus dem Two Foot Jump schwingen Sie beim Hochspringen ein Bein zur Seite. Wenn Sie das Bein wieder anziehen, »schlägt« es das andere Bein weg. Die Bewegung erinnert an ein Pendel.

Einsatz:
Workout
Belastung:
stark
Trainingseffekt:
Sie üben Timing und kräftigen die Fuß- und Beinmuskulatur.

VARIANTEN:
Beintechnik:
Die Beinbewegung kann in alle Richtungen ausgeführt werden, nach vorn, schräg, nach hinten.
Armtechnik:
Cross, Side Swing

Kombinationen:
Jumping Jack, Straddle, Rocker, Kick step
Laufrichtung des Seils:
vorwärts, rückwärts

TRAININGSTIPP:

Üben Sie zuerst ohne Seil.

Leg Swing

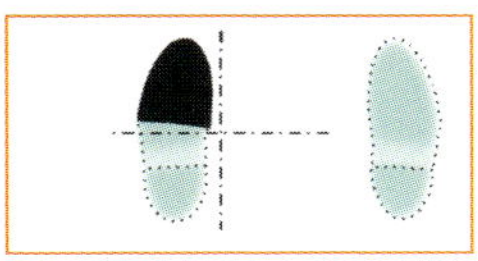

1

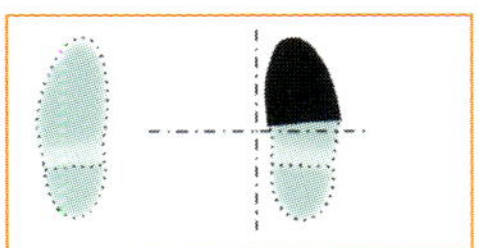

2

Heel Click

TRAININGSTIPP:

Üben Sie zuerst ohne Seil. Drehen Sie das Seil langsam. Denn Hochspringen und das Zusammenschlagen der Fersen geschieht während einer Seilumdrehung.
Sie können Bewegungsabläufe auch üben, indem Sie sich auf einem Tisch oder Stuhl abstützen. Oder Sie ziehen sich an einem Türrahmen hoch, dann können Sie die Bewegungen fast im Zeitlupentempo üben.

Sie springen aus dem Two Foot Jump hoch, heben das rechte Knie seitlich hoch, fast so, als wollten Sie einen Knee up machen. Dann »schlagen« Sie mit der Ferse des linken Beins an die Ferse des rechten. Nun landen Sie wieder auf dem linken Bein.

Einsatz:
Workout
Belastung:
stark
Trainingseffekt:
Sie trainieren die Sprungkraft und den Gleichgewichtssinn.

Kombinationen:
Knee up, Kick Step, Jumping Jack
Laufrichtung des Seils:
vorwärts, rückwärts

Heel Click

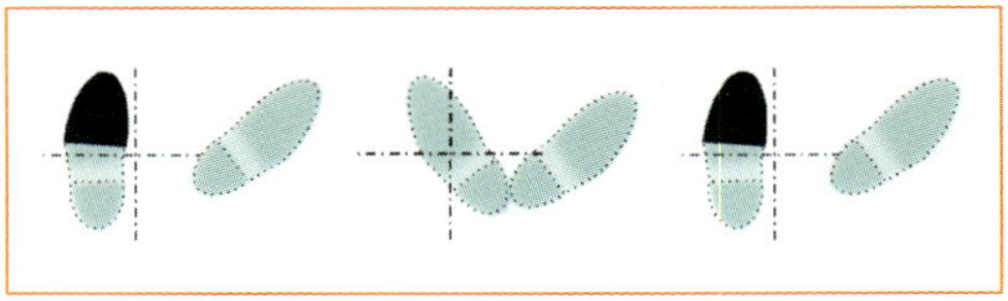

1

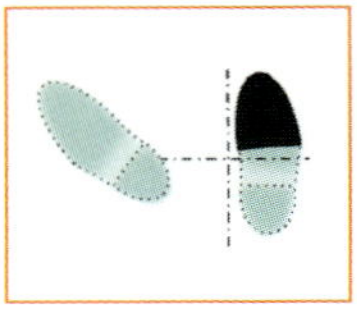

2

Cross

Üben, ohne zu springen

Sie springen über das Seil, kreuzen die Arme vor dem Körper und springen mit gekreuzten Armen über das Seil. Gleich nach dem Sprung öffnen Sie die Arme wieder.

Einsatz:
Workout
Belastung:
mäßig
Trainingseffekt:
Sie trainieren Ausdauer, die Beweglichkeit im Schultergelenk und Timing.

VARIANTEN:

Beintechnik:
Sie können die meisten der Fußtechniken ausführen: Knee up, Jumping Jack usw.; oder Doubles.
Armtechnik:
Einmal ist der linke Arm in der gekreuzten Position oben, das andere Mal der rechte. Oder bleiben Sie für mehrere Sprünge hintereinander in der gekreuzten Armposition.

Kombinationen:
Side Swing, Back Cross, Arm Wrap
Laufrichtung des Seils:
vorwärts, rückwärts

TRAININGSTIPP:

Achten Sie darauf, dass die Arme auf Bauchhöhe bleiben. Halten Sie die Hände über die Körperseite hinaus. Versuchen Sie, die Ellbogen so nah wie möglich zusammenzubringen!
Die meisten Armtechniken können Sie üben, ohne zu springen. Dabei ist das Seil an Ihren Fersen, so als wären Sie gerade darüber gesprungen. Nun bringen Sie es mit Schwung nach vorn und kreuzen dabei die Arme. Das Seil sollte sich zwischen Fußboden und Schuhspitzen einklemmen. Üben Sie auf diese Weise, bis Sie das Gefühl für die richtige Armhaltung haben. Wenn das klappt, springen Sie einmal über das Seil. Geht auch das, versuchen Sie es aus einem Two Foot Jump oder Jog Step heraus.

Side Swing

TRAININGSTIPP:

Sie stehen mit dem Seil hinten an Ihren Fersen. Bringen Sie das Seil in Bewegung und führen Sie einen Side Swing aus, öffnen wieder: Das Seil ist jetzt vor Ihren Füßen. Wenn Ihnen der Bewegungsablauf gelingt, fangen Sie an zu springen. Beachten Sie die Armhaltung: Der Arm, der kreuzt, ist über dem anderen.

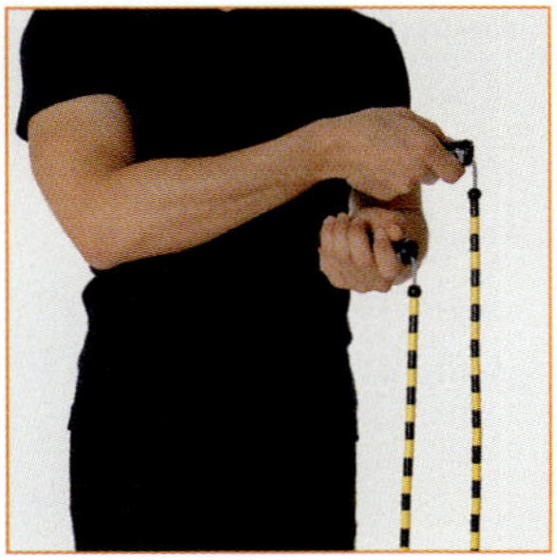

Armhaltung

Sie springen im Jog Step. Wenn Sie über das Seil gesprungen sind, kreuzen Sie einen Arm vor Ihrem Körper. Das Seil schwingt einmal an der Körperseite vorbei. Kommt das Seil vor dem Körper wieder herunter, nehmen Sie den Arm zurück, das Seil öffnet sich, und Sie können weiter springen. Dieser Neubeginn entspricht einem F-8 Entrance.

Einsatz:
Workout
Belastung:
mäßig
Trainingseffekt:
Sie trainieren die Ausdauer und das Rhythmusgefühl.

VARIANTEN :
Beintechnik:
Sie können die meisten der Fußtechniken ausführen, besonders geeignet ist der Toe Tap zur Seite.

Kombinationen:
Cross, Arm Wrap, Doubles
Der Side Swing wird oft benutzt, um auf eine andere Armtechnik zu wechseln oder als Übergang von Jumping- zu Non-Jumping-Techniken.
F-8: Statt den Side Swing wieder zu öffnen, machen Sie mit einer F-8 weiter.
Arm Wrap: Sie strecken den Arm aus, auf dessen Seite Sie den Side Swing ausführen, und schon haben Sie einen Arm Wrap. Abwickeln und gleich weiter springen.
Laufrichtung des Seils:
vorwärts, rückwärts

Jetzt die Arme wieder öffnen

Side Swing + Toe Tap

Side Swing Cross

Jetzt den linken Arm kreuzen, das ergibt einen Cross.

Die Technik ist eine Kombination aus dem Side Swing und einem Cross. Sie führen einen Side Swing auf der linken Körperseite aus, also ist Ihr rechter Arm vor der Brust. Nach dem Side Swing geht nun nicht Ihr rechter Arm zurück, sondern Sie kreuzen den linken Arm vor dem Körper und führen einen Cross aus.

Einsatz:
Workout
Belastung:
mäßig
Trainingseffekt:
Sie trainieren die Ausdauer und die Beweglichkeit im Schultergelenk.

VARIANTEN:

Beintechnik:
Versuchen Sie dazu die verschiedenen Fußtechniken aus, z. B. Kick Step, Knee up usw.

Kombinationen:
Cross, Arm Wrap, Back Cross, Side Swing
Laufrichtung des Seils:
vorwärts, rückwärts

TRAININGSTIPP:

Im Gegensatz zum normalen Side Swing geht die Hand des gekreuzten Arms nicht über den anderen, sondern darunter.

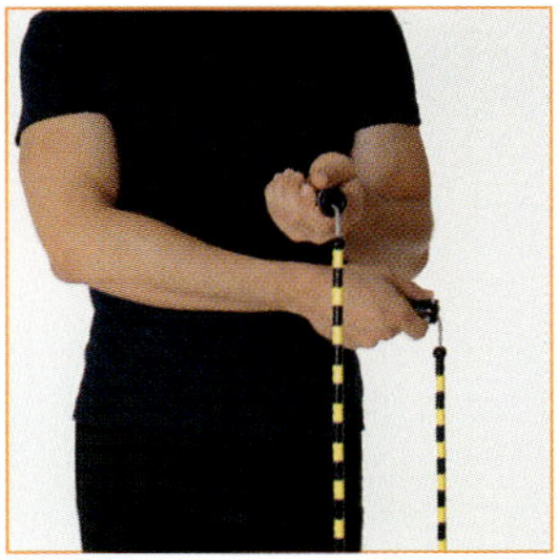

Armhaltung

Front/Back Cross

TRAININGSTIPP:

Üben Sie auch hier zuerst, ohne zu springen: Seil hinten an den Fersen, Schwung geben, Side Swing, Arm hinter den Rücken. Das Seil ist jetzt vor Ihren Füßen. Wie beim normalen Side Swing ist der Arm, der kreuzt, über dem anderen.

Der Front/Back Cross wird ähnlich wie der Side Swing Cross ausgeführt. Sie führen einen Side Swing auf der linken Körperseite aus, also ist Ihr linker Arm vor dem Körper. Während des Side Swings geht nun nicht Ihr rechter Arm zurück, sondern Sie kreuzen den linken Arm hinter dem Rücken und springen so über das Seil.

Einsatz:
Workout
Belastung:
mäßig
Trainingseffekt:
Sie trainieren die Ausdauer und die Beweglichkeit im Schultergelenk.

VARIANTEN:
Beintechnik:
Wenn Sie die Technik im Jog Step und Two Foot Jump beherrschen, versuchen Sie es mit dem Kick Step oder Knee up.
Armtechnik:
Es ist auch möglich, den Front/Back Cross ohne den Side Swing direkt auszuführen. Sie benutzen also den gleichen Rhythmus wie beim normalen Cross.

Kombinationen:
Cross, Side Swing Cross, Arm Wrap
Laufrichtung des Seils:
vorwärts, rückwärts

Crougar

Sie springen über das Seil. Dann nehmen Sie das rechte Bein hoch und gehen mit dem rechten Arm unter dem hochgehobenen Bein durch und springen über das Seil. Nach dem Überspringen geht der rechte Arm auf die linke Seite, das ergibt einen Side Swing. Danach können Sie beliebig weiter springen.

Einsatz:
Workout
Belastung:
stark
Trainingseffekt:
Sie trainieren die Sprungkraft und die Beweglichkeit im Hüftgelenk.

Kombinationen:
Cross, Toad, Knee up
Laufrichtung des Seils:
vorwärts, rückwärts

TRAININGSTIPP:

Üben Sie auch hier zuerst, ohne zu springen: Seil hinten an den Fersen, Schwung geben, Bein hoch, Arm unten durch. Das Seil ist jetzt vor Ihrem Sprungbein.

Side Swing einleiten

Toad

TRAININGSTIPP:

Üben Sie, ohne zu springen: Seil hinten an den Fersen, Schwung geben, Knie hoch, Arme kreuzen und unter dem Bein durch. Das Seil ist jetzt vor Ihrem Sprungbein.

Der Toad ist eine Mischung aus einem Knee up und einem Cross. Nach dem Überspringen des Seils heben Sie ein Knie hoch und kreuzen die Arme. Der Arm auf der Seite des hochgehobenen Beines geht dabei unter dem Bein durch. Nach dem Überspringen öffnen Sie die Arme wieder, genau wie beim Cross.

Einsatz:
Workout
Belastung:
stark
Trainingseffekt:
Sie trainieren die Sprungkraft und Beweglichkeit im Hüftgelenk.

VARIANTEN:

Armtechnik:
Inverse Toad: Der Arm auf der Seite des hochgehobenen Beins kommt von der Außenseite des Oberschenkels unten durch, der weitere Ablauf ist wie bei einem Toad.

Kombinationen:
Crougar, Side Swing Cross, Arm Wrap

Laufrichtung des Seils:
vorwärts, rückwärts

Toad

Inverse Toad

180 (gesprochen: One-eighty)

Einsatz:
Workout
Belastung:
mäßig
Trainingseffekt:
Sie trainieren den Orientierungssinn.

VARIANTEN:
Beintechnik:
Sie können sich auch mit einem Knee up oder einem Kick Step drehen.
Armtechnik:
Sie können die Drehung auch mit gekreuzten Armen ausführen.

Kombinationen:
Arm Wrap, Cross

TRAININGSTIPP:

Machen Sie es wie bei der 180-Windmill, nur beidhändig. Öffnen sie jeweils nach der Drehung das Seil und springen Sie.

wenn Sie vorwärts springen
Sie springen über das Seil und leiten einen Side Swing ein. (Grafik 1) Gleichzeitig drehen Sie sich auf die Seite, auf der das Seil schwingt, das Seil geht jetzt an Ihren Füßen vorbei. (Grafik 2) Wenn sich das Seil wieder von unten nach oben bewegt, beginnen Sie, die Arme zu öffnen, und beenden die Körperdrehung. (Grafik 3) Sie haben die Drehung beendet, das Seil ist über Ihrem Kopf: Nun öffnen Sie die Arme ganz. (Grafik 4) Sie springen jetzt rückwärts. (Grafik 5)

Von vorwärts auf rückwärts

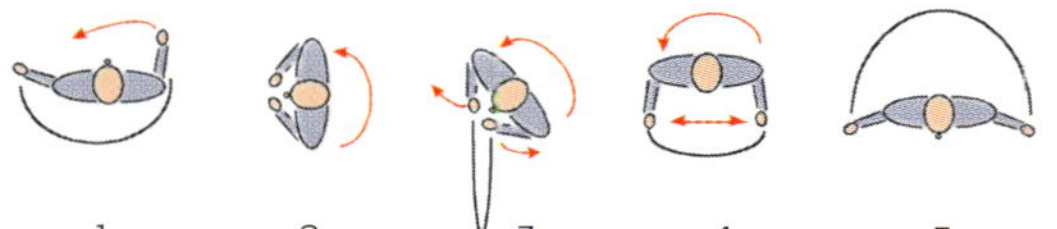

wenn Sie rückwärts springen
Gleich nachdem Sie über das Seil gesprungen sind, drehen Sie den Körper. (Grafik 6) Das Seil bewegt sich von unten nach oben, während Sie die Hände zusammenbringen und sich drehen. (Grafik 7) Das Seil schwingt jetzt an Ihrem Gesicht vorbei. (Grafik 8) Sie haben die Körperdrehung fast beendet und das Seil bewegt sich wieder von oben nach unten. Jetzt öffnen Sie die Arme wieder. (Grafik 9) Sie haben sich um 180 Grad gedreht, die Arme sind ganz geöffnet, Sie springen jetzt vorwärts. (Grafik 10)

Von rückwärts auf vorwärts

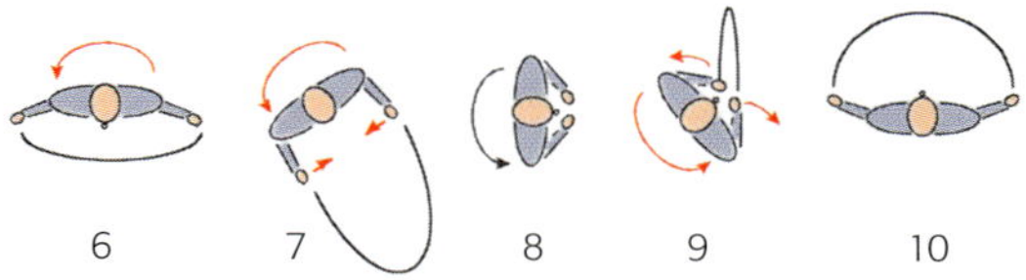

Jump Through

TRAININGSTIPP:

Achten Sie auf Ihre Hände: eine auf Kopfhöhe die andere zwischen den Oberschenkeln, so lange, bis sie durch das Seil gestiegen sind. Mit der oberen Hand halten Sie das Seil in Schwung.

Die Grundlage der Technik ist der Step Through, wie er bei den Non-Jumping-Techniken beschrieben ist. Jetzt führen Sie die Technik aber direkt nach dem Überspringen des Seils aus. Nachdem Sie über das Seil gesprungen sind, geht eine Hand auf Kopfhöhe, die andere zwischen die Oberschenkel. Geben Sie dem Seil gleichzeitig die nötige horizontale Bewegung. Jetzt können Sie durch das Seil springen. Nach dem »Aussteigen« führen Sie einen Side Swing aus und springen weiter.

Einsatz:
Workout
Belastung:
mäßig
Trainingseffekt:
Sie üben Ausdauer und Timing.

Laufrichtung des Seils:
vorwärts

Einleiten des Einspringens

»Aussteigen« und Side Swing einleiten

Doubles

Wie eine Stahlfeder!

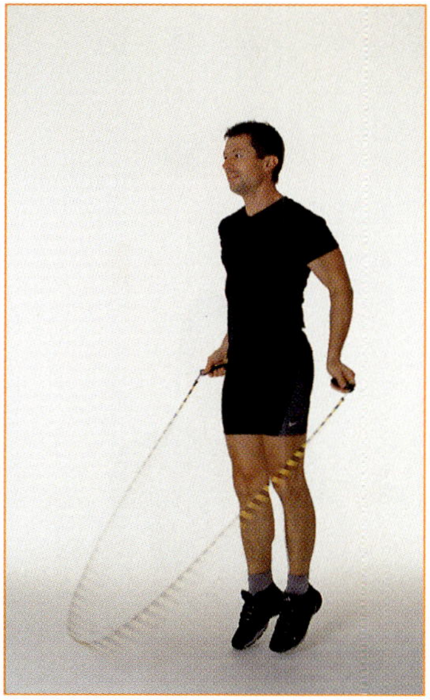

Richtiges Timing

Sie springen im Two Foot Jump. Springen Sie höher als gewöhnlich und beschleunigen das Seil, so dass es zweimal unter Ihren Füßen durchgeht, bevor Sie wieder landen.
Einsatz: Workout
Belastung: sehr stark
Trainingseffekt:
Sie üben die anaerobe Ausdauer, die Sprungkraft und Timing.

VARIANTEN:

Beintechnik:
Um die Sprungkraft vermehrt zu schulen, springen Sie auf einem Bein: wechselseitig oder ein paarmal nacheinander mit demselben Bein.
Armtechnik:
Folgende Armtechniken können Sie auch während eines Sprunges ausführen: neutraler Schwung + Cross, Side Swing + neutraler Schwung, Side Swing Cross, Front-Back Cross

Laufrichtung des Seils:
vorwärts, rückwärts

TRAININGSTIPP:

Üben Sie das Hochspringen ohne Seil. Springen Sie wie eine Stahlfeder! Ziehen Sie nicht die Füße nicht hinten an! Machen Sie 3 bis 4 Two Foot Jumps und führen einen Double aus. Springen Sie danach wieder ein paarmal im Two Foot Jump, dann wieder einen Double. So lernen Sie, die Seilgeschwindigkeit zu kontrollieren und das richtige Timing. Jeder kann hoch genug springen für einen Double, der Zeitpunkt der Beschleunigung und des Absprungs ist entscheidend!

Falsch!

Quarter Rope Jump

TRAININGSTIPP:

Halbieren Sie das Seil und springen Sie darüber, bevor Sie es mit einem Viertel des Seils versuchen. Halten Sie das Seil nur locker, damit es Ihnen aus der Hand gleitet, wenn es hängen bleibt. Achten Sie darauf, dass Sie vor und hinter sich genügend freien Platz haben.

Legen Sie das Seil zweimal zusammen und halten Sie es an beiden Enden. Springen Sie hoch und ziehen Sie dabei die Knie so hoch wie möglich zur Brust, springen Sie dabei über das Seil. Führen Sie das Seil über Ihren Rücken und Kopf wieder nach vorn.

Einsatz:
Workout
Belastung:
sehr stark
Trainingseffekt:
Sie trainieren die Sprungkraft; wenn Sie das Seil, ohne es loszulassen, über Ihren Kopf nach vorn nehmen, auch die Beweglichkeit im Schultergelenk.

VARIANTEN:
Beintechnik:
Springen Sie auf einem Bein!
Armtechnik:
Wenn Sie über das Seil gesprungen sind, springen Sie wieder hoch und führen das Seil im Sprung von hinten nach vorn.

Laufrichtung des Seils:
vorwärts, rückwärts

Bitte lächeln!

Über den Kopf zurück

Versuchen Sie es zuerst so.

Stretching

Vordehnen

siehe Kapitel 6: Die Trainingseinheit

Nachdehnen

Das Dehnen als Abschluss des Trainings hilft mit, die Beweglichkeit zu erhalten, und unterstützt die Regeneration.

- Fühlen Sie Ihren Körper und dehnen Sie die Partien, in denen Sie »Spannung« fühlen. Wenn Sie eine Bewegungseinschränkung bei einer bestimmten Rope-Skipping-Technik feststellen, dehnen Sie diesen Bereich besonders. Machen Sie die Übungen, die Ihnen gut tun.
- Gehen Sie in die Dehnposition, bis Sie ein leichtes Ziehen fühlen, und halten Sie diese Position für 10 bis 90 Sek. Nicht zerren!
- Beim Stretching geht es nicht um Leistung. Lassen Sie den Körper los, entspannen Sie sich.
- Die Atmung ist gleichmäßig und tief.
- Überfordern Sie ermüdete Muskeln auch im Stretching nicht. Wenn Sie gezielt an Ihrer Beweglichkeit arbeiten wollen, wärmen Sie sich etwa 10 bis 15 Minuten auf und führen Sie dann ein intensives Dehnprogramm durch.

Brust
Statt des Seils können Sie auch ein Handtuch benutzen. Die Ellbogen sind leicht gebeugt. Vermeiden Sie ein Hohlkreuz und gehen Sie mit dem Oberkörper nicht nach hinten.

Nacken
Legen Sie den Kopf auf die Seite, ohne ihn zu drehen. Bewegen Sie die vom Kopf weiter entfernte Schulter und den Arm nach unten/außen.

Schulter
Ziehen Sie den Oberarm quer über die Brust. Halten Sie die Schultern unten.

Unterarm innen
Ziehen Sie die Hand in Richtung des Unterarms nach oben.

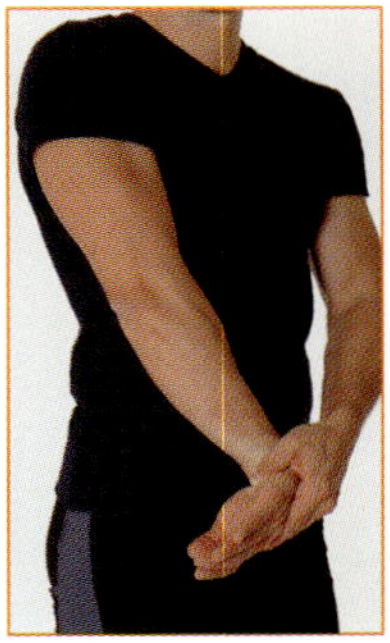

Unterarm außen
Drehen Sie die Hand nach außen und ziehen Sie sie hoch.

Oberschenkel hinten
Stützen Sie sich auf dem gebeugten Standbein ab. Das Knie des anderen, nach vorn gestreckten Beins nicht durchdrücken. Die Beugung erfolgt aus dem Hüftgelenk. Kein Rundrücken oder Hohlkreuz.

Oberschenkel vorn
Stützen Sie sich zum Beispiel an einer Wand ab. Halten Sie das Bein am Fußgelenk und ziehen Sie es zum Gesäß hoch. Das Standbein ist leicht gebeugt. Vermeiden Sie ein Hohlkreuz.

äußere Wadenmuskulatur
Stützen Sie sich ab. Die Fußspitzen zeigen nach vorn. Gehen Sie mit dem Oberkörper nach vorn und halten Sie die Ferse des hinteren Beins am Boden.

innere Wadenmuskulatur

Stützen Sie sich ab. Die Fußspitzen zeigen nach vorn. Beugen Sie das Knie des nach hinten ausgestreckten Beins. Drücken Sie das Knie nach vorn/unten und halten Sie dabei die Ferse am Boden.

Schienbeinmuskulatur

Stützen Sie sich ab. Kreuzen Sie die Unterschenkel, stellen Sie eine Fußspitze nach außen und hinten neben den Fuß des Standbeins. Drücken Sie die Wade sanft nach vorn, indem Sie das Knie des Standbeins nach vorn drücken.

Hüfte vorn

Wenn Sie keine Gymnastikmatte haben, legen Sie ein zusammengelegtes Handtuch unter das Knie am Boden. Schieben Sie die Hüften ohne sie zu drehen, nach vorn. Das Knie des aufgestellten Beins geht dabei nicht über die Fußspitzen hinaus.

Gesäß

Ziehen Sie abwechselnd ein Bein in Richtung Kopf. Das andere wird automatisch mit nach hinten gezogen. Halten Sie die Schulter- und Nackenmuskulatur entspannt.

Oberschenkelmuskulatur innen

Halten Sie den Rücken gerade. Die Füße nicht zu nahe an den Körper ziehen. Drücken Sie die Knie nach unten.

Rücken

Die Beine sind gebeugt und die Füße nicht zu nah am Körper. Unter den Beinen durchgreifen und den Oberkörper entspannt beugen.

Workouts

Die folgenden Workouts sind als Grundlagen gedacht und sollen Ihnen beim Start des Trainings helfen. Sie können und müssen Sie an Ihre Bedürfnisse anpassen. Entsprechend Ihren Fähigkeiten und Vorlieben können Sie Übungen weglassen oder ersetzen.

- Führen Sie die Techniken immer rechts und links aus.
- Sie können die Übungen auf Zeit machen, zum Besipiel 30 Sekunden, oder im Takt der Musik, z. B. 4 Takte Jog Step gefolgt von 4 Takten Arm Wrap usw.
- Wenn die Übung zweimal gemacht werden soll, können Sie sie am Anfang natürlich auch nur einmal machen. Oder Sie gehen alle Übungen einmal durch und beginnen noch einmal von vorn.
- Gehen Sie zum nächsten Workout, wenn Sie die Übungen beherrschen und Ihre Fitness sich an die Belastung angepasst hat.

Folgende Zeichen und Abkürzungen werden in den Beschreibungen der Workouts verwendet:

V = Laufrichtung des Seils vorwärts
R = Laufrichtung des Seils rückwärts
TFJ = Two Foot Jump
JS = Jog Step
↔ = Die beiden durch dieses Zeichen getrennten Übungseinheiten werden abwechselnd durchgeführt.
3 x 1 Minuten JS V ↔
30 Sekunden Arm Wrap beidhändig: Sie machen eine Minute Jog Step, direkt gefolgt von 30 Sekunden Arm Wrap und wieder ohne Pause 1 Minuten Jog Step usw., dreimal (3 x) nacheinander.
\+ = Zwei Techniken werden gleichzeitig ausgeführt. (Windmill + March: Sie führen eine Windmill aus und marschieren gleichzeitig auf der Stelle.)
__ = Sind zwei oder mehrere Techniken unterstrichen so müssen Sie innerhalb der Übungseinheit kombiniert werden.
<u>Jumping Jack/Scissors:</u> zum Beispiel 4 (1, 2 oder auch 8) Jumping Jacks, 4 Scissors, 4 Jumping Jacks usw.

WARM UP I

mindestens 10 Minuten

1	Windmill V + March
2	Windmill R + March
3	F-8 V + March
4	F-8 V + Walk (vor- und rückwärts gehen)
5	Cross Windmill V + Fersen heben
6	Front Windmill + Kniebeuge
7	Overhead Windmill + Zehen heben
8	Waist Wrap + Körperdrehung 180/360 Grad
9	Samurai Whirl + March
10	Cross Windmill R + Walk
11	F-8 R + March
12	Arm Wrap einarmig V + March
13	Overhead Windmill + Knie heben
14	F-8 V + abwechselnd Zehen/Fersen heben
15	Leg Over Pass V
16	Hitch Kick
17	F-8 V + Joggen auf der Stelle
18	90 sec. 4 Two Foot Jump V ↔ 4 F-8 beidhändig V
19	Fly Fishing
20	90 sec. 4 Jog Step V ↔ 4 F-8 beidhändig V + March

WARM UP II

mindestens 10 Minuten

1	Windmill V + Walk
2	Windmill R + March
3	Cross Windmill V + Fersen heben
4	Front Windmill + Leg Curl
5	Samurai Whirl + in die Hocke gehen und die Fersen heben
6	Front Windmill + Ausfallschritt zur Seite
7	F-8 R + Zehen heben
8	Leg Over Pass *R*
9	F-8 V/Back Exchange + March
10	Overhead Windmill + Kniebeuge
11	Step Through
12	Arm Wrap einhändig R + Walk
13	Cross Windmill R + Knie heben
14	Overhead Windmill/Waist Wrap + Joggen auf der Stelle
15	Shoulder Wrap + Walk
16	180-Windmill
17	90 sec. 4 Two Foot Jumps V ↔ 4 F-8 beidhändig V
18	Side Windmill Toss
19	90 sec. 4 Jog Steps V ↔ 4 F-8 beidhändig V
20	Leg Over Side Swing

STARTER

etwa 20 Minuten (ohne Warm-up, Cool-down, Nachdehnen und Trinkpausen)

Warm-up

1	3 x 60 sec. JS V ↔ 30 sec. F-8 R
2	2 x 30 sec. TFJ R ↔ 30 sec. Arm Wrap beidhändig V
3	2 x 30 sec. Slalom/TFJ V ↔ 30 sec. Waist Wrap
4	2 x 30 sec. Bell/TFJ V ↔ 30 sec. Hitch Kick
5	2 x 30 sec. Straddle/TFJ V ↔ 30 sec. Fly Fishing
6	2 x 30 sec. Jumping Jack/TFJ V ↔ 30 sec. Leg Over Pass V
7	2 x 30 sec. Cross V + TFJ ↔ 30 sec. Step Through
8	2 x 30 sec. Knee up/JS V ↔ V 30 sec. F-8/Back Exchange V
9	3 min. Freestyle: einfach Verschiedenes ausprobieren

Cool-down

Nachdehnen

NOVICE

etwa 30 Minuten (ohne Warm-up, Cool-down, Nachdehnen und Trinkpausen)

Warm-up

1	2 x 90 sec. JS V ↔ 30 sec. Arm Wrap beidhändig R
2	2 x 45 sec. TFJ R ↔ 30 sec. Fly Fishing
3	2 x 45 sec. Slalom/TFJ/Bell VV ↔ 30 sec. Hitch Kick + Körperdrehung
4	2 x 45 sec. Scissors/TFJ/Jumping Jack V ↔ 30 sec. Step Through
5	2 x 45 sec. Twister/TFJ V ↔ 30 sec. Samurai Whirl/Leg Wrap
6	2 x 45 sec. Side Swing V + TFJ ↔ 30 sec. Shoulder Wrap
7	2 x 45 sec. Kick Step/JS/Knee up V ↔ 30 sec. F-8/Back Exchange V
8	2 x 45 sec. Heel Tap/JS/Toe Tap V ↔ 30 sec. Side Windmill Toss
9	2 x 45 sec. Cross V + JS ↔ 30 sec. Leg Over Pass R
10	2 x 45 sec. Cross R + TFJ ↔ Leg Over Side Swing
11	2 x 45 sec. Jump Through ↔ 30 sec. 180-Windmill
12	3 min. Freestyle: im Rhythmus der Musik!

Cool-down

Nachdehnen

ADVANCED

etwa 45 Minuten (ohne Warm-up, Cool-down, Nachdehnen und Trinkpausen)

Warm-up

1	2 x 3 min. JS V ↔ 30 sec. 180-Windmill
2	2 x 60 sec. JS R ↔ 30 sec. Fly Fishing
3	2 x 60 sec. Slalom/Twister/TFJ/Bell V ↔ 30 sec. Hitch Kick + Körperdrehung
4	2 x 60 sec. Scissors/X-it/TFJ/Rocker/Switch/Jumping Jack V ↔ 30 sec. Step Through + Körperdrehung
5	2 x 15 sec. Speed V ↔ 1 min. locker bewegen
6	2 x 60 sec. Cross V + Brush Kick/Running Step ↔ 30 sec. Side Windmill Toss
7	5–10 Doubles/TFJ V
8	60 sec. 180-Windmill + Walk
9	2 x 60 sec. Side Swing R + JS ↔ 180-Windmill/Shoulder Wrap
10	2 x 60 sec. Kick Step R ↔ 30 sec. Samurai Whirl/Leg Wrap
11	2 x 60 sec. Cross/Side Swing V + JS ↔ 30 sec. F-8/Back Exchange V
12	2 x 15 sec. High Step V ↔ 30 sec. Leg Over Pass/Back Exchange R
13	2 x 60 sec. Cross/Side Swing R + JS ↔ 30 sec. Leg Over Side Swing V
14	2 x 60 sec. Crougar ↔ 30 sec. 180-Windmill/Leg Over Pass V/R
15	5 min. Freestyle: Was lässt sich noch alles kombinieren?

Cool-down
Nachdehnen

JUMP ROPER

Auf eine Zeitangabe für die Übungen wird verzichtet. Sie kennen jetzt Ihren Körper und können entsprechend reagieren.

Warm-up

1	Cross/Side Swing V + JS ↔ Waist Wrap/Step Through + Körperdrehung
2	Cross/Side Swing R + JS ↔ Samurai Whirl/180-Windmill
3	2 x 30 sec. Speed V ↔ 1-2 min. locker bewegen
4	Cross V + Knee up/Kick Step ↔ Fly Fishing – mit der freien Hand fangen und direkt übers Seil springen
5	Scissors/Knee up/Jumping Jack/JS V ↔ Step Through + Körperdrehung
6	Cross V + Jumping Jack ↔ Side Windmill Toss – mit der freien Hand fangen und direkt übers Seil springen
7	Side Swing Cross V + TFJ ↔ Shoulder Wrap/180-Windmill
8	10–30 Doubles V
9	Front/Back Cross V + TFJ ↔ Hitch Kick
10	Heel Click/TFJ V ↔ Leg Over Pass/Back Exchange/F-8 R
11	Jump Through ↔ F-8/Back Exchange/Shoulder Wrap V
12	Cross R + Jumping Jack ↔ 180-Windmill/Leg Over Pass V/R
13	180/TFJ V/R ↔ Leg Over Side Swing R
14	Toad V ↔ 180-Windmill
15	Freestyle = Action and Fun! Nie dieselbe Technik zweimal nacheinander!

Cool-down
Nachdehnen

PRO

Warm-up

1	Cross/Side Swing/Side Swing Cross/Front/Back Cross/180 V/R + JS ↔ StepThrough/ Arm Wrap/Leg Over Side Swing
2	1 x 60 sec. Speed V ↔ 1–3 min. locker bewegen
3	Jumping Jack Click/Flying Jumping Jack/TFJ/Leg Swing V ↔ Side Windmill Toss – mit der freien Hand fangen und direkt übers Seil springen
4	Cross R + Scissors/Jumping Jack/X-it ↔ Step Through/Waist Wrap/Arm Wrap + Körperdrehungen
5	Doubles/Varianten V
6	Side Swing V + Toe Tap/Heel Tap ↔ Samurai Whirl/F-8/Shoulder Wrap/Leg Wrap V/R
7	Doubles R
8	Cross/Side Swing Cross R + Kick Step/Knee up ↔ Hitch Kick
9	Jump Through/Cross/Leg Over Side Swing V ↔ Leg Over Pass/Arm Wrap R
10	Crougar/Toad/Inverse Toad V ↔ F-8/Back Exchange/Leg Over Pass R
11	Cross/Side Swing Cross/180 V/R + Knee up/Kick Step ↔ Leg Over Side Swing R
12	Freestyle: It's Showtime! Stellen Sie sich eine Technikabfolge zusammen, die Sie gegebenenfalls als Show vorzeigen können!

Cool-down
Nachdehnen

SPEED

Warm-up

1	3–6 min. Jog Step V
2	4–6 x 30 sec. Jog Step (so schnell wie nur irgend möglich)

Cool-down
Nachdehnen

Machen Sie zwischen jedem Lauf so lange Pause, bis Sie sich fast ganz erholt haben. Bewegen Sie sich locker, nicht hinsetzen oder -legen.
Wenn Sie Ihre Schnelligkeit verbessern wollen, führen Sie 1- bis 2-mal pro Woche dieses spezielle Speed-Programm durch.

SPEED ENDURANCE

Warm-up

5–10 x 3 min. Jog Step

Cool-down
Nachdehnen

Bei diesem Training sollte nicht immer an seine Grenzen gehen. Wenn Sie es zum Beispiel mit größter Anstrengung schaffen, 3 Minuten mit 80 Zählern (immer rechtes Bein = 160 Seilumdrehungen/Minute) zu springen, sollten Sie höchstens einmal pro Woche mit dieser Intensität trainieren. Sonst trainieren Sie mit submaximaler Intensität, also nur mit 65 bis 75 Zählern. Testen Sie Ihre Bestleistung etwa alle 4 Wochen und passen Sie die Trainingsintensität an.
Die Pausen zwischen den Läufen dauern so lange, bis Sie einen Puls von etwa 65 % der MHF erreicht haben, also nicht ganz vollständig erholen.
Dieses Programm können Sie 3- bis 5-mal pro Woche durchführen, aber nur einmal mit höchster Intensität!

Jump Power

Wenn Sie gezielt Ihre Sprungkraft verbessern wollen, führen Sie eines dieser Programme 2- bis 3-mal pro Woche durch.

1

Warm-up

2 x 60 sec. TFJ
1 x 60 sec. Slalom/Bell
2 x ?? Doubles (Anzahl nach Ihrer Fitness)
je 30 sec. auf einem Bein springen
1 x 30 sec. Speed

Cool-down
Nachdehnen

2

Warm-up

2 x 60 sec. TFJ
2 x 60 sec. Salom/Bell
2 x ?? Doubles (einbeinig, wechselseitig)
Je 1 x 60 sec. auf einem Bein springen
1 x 30 sec. Speed

Cool-down
Nachdehnen

3

Warm-up

2 x 60 sec. TFJ
2 x 60 sec. Salom/Bell (auf einem Bein)
2 x ?? Quarter Rope Jump
2 x ?? Doubles einbeinig, wechselseitig
1 x 30 sec. Speed

Cool-down
Nachdehnen

Literaturnachweis

Albrecht, K./Meyer, S./Zahner, L.: Stretching – Das Expertenhandbuch, Karl F. Haug Verlag, Heidelberg 1997
American College of Sports Medicine: ACSM's Resource Manual, Williams & Wilkins, Baltimore 1998
Geiger, L.: Überlastungsschäden im Sport, BLV Verlagsgesellschaft, München 1997
Hargarten, Kathleen M.: Ropics® Rope Jumping Redefined, Ropics® Inc., Greendale 1989
Hegner, J./Hotz, A./Kunz, H.: Erfolgreich trainieren, vdf Hochschulverlag, Zürich 2000
Howley, E./Franks, B.: Health Fitness Instructor's Handbook, Human Kinetics Books, Champaign 1997
Kalbfleisch, S.: Skipping – Das ideale Fitness-Training, Verlag KG, Waldeck 1988
Obermann, H.: Das komplette Stretchingbuch, Gustav Fischer Verlag, Stuttgart 1996
Riesz-Hernelius, M.: Rope Skipping, Rep & Lek, Nacka 1997
Solis Ken M./Budris B.: The Jump Rope Primer, Human Kinetics Books, Champaign 1991
Solis Ken M.: Ropics® Leading Edge Manual, Ropics® Inc., Greendale 1993
Solis Ken M.: Ropics® The next jump forward in Fitness, Leisure Press, Champaign 1992
Weineck J.: Optimales Training, Spitta Verlag, Balingen 1994
Weineck J.: Sportbiologie, Spitta Verlag, Balingen 1998
Zintl F.: Ausdauertraining, BLV Verlagsgesellschaft, München 1997

Rope Skipping im Internet

www.rope-skipping.ch
www.erso.org
www.fisac.org
www.usajrf.org

Impressum

ISBN 3-328-00944-2

Lektorat:
Regine Lassen
Umschlaggestaltung:
Volkmar Schwengle/Buch und Werbung, Berlin
Titelfoto und Fotos:
Derek Li Wan Po

Layout und Produktion:
Prill Partners | producing, Berlin
Druck und Bindung:
Westermann Druck Zwickau GmbH, Zwickau
Printed in Germany 2001

Gedruckt auf alterungsbeständigem Papier mit chlorfrei gebleichtem Zellstoff

Der Autor

Stefan Lerch ist ausgebildeter Fitness-Trainer und leitet einen Fitness-Club in Basel.
Das Springseil ist seit mehr als 15 Jahren sein ständiger Begleiter. Er führt Rope Skipping Workshops durch, ist Trainer des Rope Skipping Clubs in Basel und langjähriges Mitglied der European Rope Skipping Organization.